# 오! 나의 어시님

# 오! 나의 어시님

초판 1쇄 인쇄일 2023년 5월 22일
초판 1쇄 발행일 2023년 6월  2일

**지은이** 정유경

**발행인** 윤호권
**사업총괄** 정유한

**편집** 신주식, 강세윤  **디자인** 표지 최초아 본문 구혜민  **마케팅** 김솔희
**발행처** ㈜시공사  **주소** 서울시 성동구 상원1길 22, 6-8층(우편번호 04779)
**대표전화** 02-3486-6877  **팩스(주문)** 02-585-1755
**홈페이지** www.sigongsa.com / www.sigongjunior.com

글 ⓒ (주)이모션스튜디오, 2023

ISBN 979-11-6925-712-1 03680

*시공사는 시공간을 넘는 무한한 콘텐츠 세상을 만듭니다.
*시공사는 더 나은 내일을 함께 만들 여러분의 소중한 의견을 기다립니다.
*잘못 만들어진 책은 구입하신 곳에서 바꾸어 드립니다.

밀라·앵몬 원작
정유경 대본

시공사

**일러두기**

1. 이 책은 현장 대본 내용을 최대한 따랐습니다.

2. 교정은 한글맞춤법을 따르되 등장인물 간 대사의 경우 각 인물의 어감과 드라 마의 분위기를 최대한 전달하고자 어법에 크게 저촉되지 않는 한 대본 형식을 그대로 따랐습니다.

3. 등장인물의 성격이나 해당 장면의 긴장감과 분위기를 최대한 살리고자 대본 내 에서 쓰인 문장부호의 중복 및 변형 사용을 그대로 따랐습니다.

# 차례

안녕하세요. 글 작가 밀라입니다. 이렇게 다시 인사드리게 되어 영광입니다. 〈오! 나의 어시님〉이 웹드라마로 만들어진 데 이어 대본집까지 출간된다니 감개무량합니다. 오래도록 사랑해주신 여러분 덕분입니다. 진심으로 감사드립니다.

저 역시 BL 독자이기도 한데요, BL 작품을 드라마로 만드는 시대에 살고 있다는 것이 행복합니다. 나아가 앞으로 탄생할 K-BL 작품들의 미래가 더욱 기대됩니다. 저는 앞으로도 사람이 사람을 만나 행복해지는 이야기를 쓰고 싶습니다. 이 작품을 보시는 동안 조금이라도 행복을 느끼셨다면 더없이 기쁠 것 같습니다. 드라마를 만드는 데 힘써주신 관계자분들과 제작진 여러분 고맙습니다. 그리고 재밌게 봐주신 독자님들께 다시 한번 감사드립니다. 또 만나 뵐 때까지 건강하시고 행복하세요.

2023년 5월
밀라 드림

오! 나의 어시님

안녕하세요. 웹툰 〈오! 나의 어시님〉의 그림 작가 앵몬입니다. 〈오! 나의 어시님〉은 여러모로 저한테 의미 있는 작품이에요. 첫 장편 작품이자 회사원에서 웹툰 작가로의 전환점이었고, 이 작품 덕에 많은 독자분께 '앵몬'이라는 이름을 알릴 수 있었다고 생각합니다. 이제는 웹드라마로도 제작되고 대본집 출간도 앞두고 있어 감회가 새롭네요. 작년에 좋은 기회로 드라마 촬영 현장을 견학한 적이 있었어요. 현장에서 만난 배우, 스태프분들뿐 아니라 사무실에서 드라마를 기획하고 유통하기 위해 애쓰신 모든 관계자분들의 노력으로 공개될 수 있었다고 생각하니 가슴이 벅차기도 합니다. 배우분들이 그림만으로는 표현할 수 없었던 인물의 행동과 말투를 구현해내시는 모습을 구경하는 것도 색다른 재미였습니다.

한 장면을 전달하기 위해 배우는 연기를 다듬고, 스태프가 다각도에서 촬영하며 소품이나 조명 등을 조절하는 복잡한 과정을 지켜보면서 웹툰 작업과도 비슷하다고 느꼈어요. 웹툰 작업은 책상 앞에 가만히 앉아 있는 시간이 대부분이지만 그 과정에도 크고 작은 돌발 상황이 존재해요. 어떤 표정, 어떤 동작을 어떤 각도에서 비추면 좋을지, 연출은 어떻게 할지 한 컷 한 컷 고민을 거쳐 한 편을 완성하곤 하거든요.

그림을 그리는 내내 밀라 작가님이 주신 스토리를 포근하고 따뜻한 모양새로 풀어내려고 노력했습니다. 제일 중요하게 생각한 부분은 보는 분들이 이야기를 따라가는 과정에서 편안했으면 하는 것이었고요. 그림 작가이기 전에 작품을 가장 먼저 읽는 독자로서 웃었던 부분, 감동했던 부분에 가장 적절한 색을 입혀 과함도 모자람도 없이 고스란히 전하고 싶었어요. 선호와 무영이 모두 참 따뜻한 인물이라고 생각하거든요. 마음이 따뜻한 두 사람이 만나 서로를 조심스럽게 알아가고, 결국에는 몸에 꼭 맞는 옷을 입은 것처럼 편안한 사랑을 하게 되는 것. 그 과정을 독자분께도 제대로 전달할 수 있었으면 하는 마음으로 작업에 임했던 기억이 납니다.

원작을 완결한 지도 벌써 4년이 훌쩍 넘었네요. 이번 대본집 출간을 계기로 한창 그려나갈 때의 기분을 다시금 돌아볼 수 있었습니다. 원작을 사랑해주신 분들도, 드라마로 작품을 접하신 분들도 〈오! 나의 어시님〉과 함께한 시간이 따뜻하고 편안했기를 바랍니다.

2023년 5월
앵몬 드림

안녕하세요. 웹드라마 〈오! 나의 어시님〉의 대본을 쓴 정유경입니다. 제가 쓴 글이 영상이 되어 시청자분들과 만난 것만으로도 놀라운 경험이었습니다. 그런데 그 글이 책으로 출간까지 된다니, 또 한 번 가슴이 두근거립니다. 이 모든 게 〈오! 나의 어시님〉을 사랑해준 여러분 덕이라고 생각합니다. 진심으로 감사의 말씀을 전합니다.

〈오! 나의 어시님〉은 제게 새로운 도전이자 기회였습니다. 저

오! 나의 어시님

는 이 작품으로 많이 배우고 성장했던 것 같습니다. 앞으로도 저는 이 경험을 자양분 삼아 더 좋은 작품을 만들어가는 작가가 되려 합니다.

글이 써지지 않아 펜을 놓고 싶을 때도 있을 것이고, 남들보다 못하다는 생각에 자책할 때도 있을 것입니다. 하지만 제 작품이 시청자분들을 만났을 때의 이 감동을 항상 되새기며, 저는 끝끝내 또 새로운 작품을 만들어 낼 것입니다. 그렇게 새로운 작품으로 여러분들의 마음에 또다시 설렘과 따스함을 불어넣어드릴 날이 머지않아 또 오길 바라며… 다시 만날 그날까지 대본집《오! 나의 어시님》과 함께 행복하시길 바랍니다.

2023년 5월
정유경 드림

사랑과 행복, 그리고 오해와 질투. 우리가 살면서 겪는 가장 순수한 감정들이 아닐까요? 그 감정들이 있기에 우리는 더 즐거운 세상을 살아가고 있죠. 처음 〈오! 나의 어시님〉을 만난 날, 손에서 핸드폰을 놓을 수 없었습니다. 지하철에서 그 웹툰을 보다 등장한 민망한 장면에 후다닥 핸드폰을 껐던 경험도 있습니다. 선호의 혼란과 무영의 오해, 그리고 준석의 질투까지. 오해와 질투 속에서 사랑하며 살아가는 사람들의 감정을 느꼈습니다. 오해와 질투, 혼란이 없다면 과연 사랑이 더 깊어질 수 있을까요? 사랑이 재미있다는 사실도 알 수 없게 될 겁니다. 원작을 보며 우리가 평소에 부정적이라고 생각했던 감정들이 실은 진정한 사랑을 할 수 있게 만드는 원동력이자 조미료가 된다는 점도 깨달았습니다. 그리고 사랑이라는 것이 여러 복합적인 감정들의 원천에 있는 것이라고 느꼈습니다.

사랑에 서투른 선호는 자신의 혼란스러운 감정을 숨기기 위해 무영에게 자신 있게 다가가지 못하죠. 선입견도 있었고요. 하지만 그랬던 선호는 질투의 감정을 통해 자신의 속마음을 진솔하게 말할 수 있는 사람이 되었죠. 그랬기에 선호는 무영을 차지할 수 있는 자신감을 얻었던 것이 아닐까요? 반면 상처를 받았던 무영은 사람들에게 다가가지 못하는 사람이 되어버렸죠. 그래서 원래 그런 성격이 아님에도 불구하고 스스로 차가운 사람이 되어버렸습니다. 하지만 그런 무영도 오해를 푸는 과정을 통해 선호에게 다가갈 수 있게 되고요. (흔히 생각하는) 보통의 삶을 강요받았던 준석 역시 질투와 억압의 감정을 통해 사랑을 확인하고 자신의 한계를 깨트리고 나와 진솔한 사람으로 성장하게 되죠.

그렇게 그들을 하루빨리 살아 움직이는 모습으로 만들고 싶다는 생각을 하던 어느 날, 저는 그들을 똑 닮은 배우들을 눈앞에서 만났습니다. 대형견 같은 선호와 실제로는 그렇지 않지만 차가운 느낌의 무영, 그리고 속을 알 수 없는 준석까지. 그들을 생각하며 시나리오를 분석하던 어느 여름날, 드디어 촬영을 시작하게 되었습니다. 〈오! 나의 어시님〉의 주요 무대는 바로 선호의 작업실이었죠. 처음 촬영 장소를 찾아간 날은 상당히 고민스러웠습니다. '대부분의 이야기가 일어나는 이 작은 공간을 어떻게 활용해야 할까? 더 좋은 집으로 가야 하지 않을까?' 실제로 촬영하면서 많은 에피소드가 있었죠. 맑은 공기를 위해 촬영을 중단하고 잠시 다 함께 내려가 바깥 공기를 마시고 온다거나, 더운 여름 에어컨도 켜지 못한 채 수많은 스태프가 원룸에 들어가 땀을 흘린다거나. 하지만 그런 고민을 한 번에 사라지게 만드는 단어가 있었습니다.

거리감. 그것이 제 마음을 사로잡았습니다. 가까이 있기에 서로의 마음을 확인하고, 익숙하기에 사랑의 감정을 느끼며, 편하기에 설렘을 느낄 수 있는 그런 공간. 반면 가까이 있기에 서로를 의심하고, 익숙하기에 질투를 느끼며, 편하기에 소중함을 뒤늦게 깨닫는 아이러니한 공간이었습니다. 그렇게 선호의 작업 공간을 작은 원룸으로 결정하고 선호의 마음으로 하나씩 하나씩 공간을 채워나가기 시작했습니다. 작업실이 거의 완성되자 촬영을 시작했고, 이 원룸이 둘의 어색함을 사랑으로 바꾸고 관계를 의심하게 만들며 의심을 확신으로 바꿔가는 최적의 공간이라는 것을 알게 되었습니다. 가까운 거리에서 오래 함께하는 만큼 숨겨야 할 감정도 드러나는 공간이 된 것이죠. 촬영 마지막 날, 저는 가장 먼저 그 공간에 도착했습니다. 속으로 여러 가지 감정이 교차했죠. '이제 이 공간에서 일어나는 그들의 거리감에 대한 이야기가 곧 끝나겠구나' 하고요.

이 작품을 맡게 되었을 때, 누군가 이런 이야기를 했습니다. "너에게 BL이라는 장르는 어떤 느낌이야?" 저는 순간적으로 편하게 대답했습니다. "차별 없이 '사람이 사람을 사랑하는' 이야기를 만들겠다." 하지만 그건 저의 짧은 생각이었죠. 시나리오를 보며 울다가 웃던 저를 떠올렸습니다. '아, BL이라는 것은 하나의 주요 설정일 뿐이구나!'

그리고 다시 대답했죠. "BL이라는 건 나에게 있어 단순히 마이너한 이야기가 아니야. 나는 이 '사랑 이야기'를 '로맨틱 코미디'라는 장르로 풀어내겠어." 여기서부터 제가 갖고 있던 편견은 사라졌습니다. 중요한 것은 사랑이고, 그것을 표현할 장르를 고르면 되는 것뿐이라는 걸 깨달았죠. BL이기에 웃음을 줄 수 있는 포인트가 있어 좋았던 점도 있었습니다. 선

호와 무영이 처음 만나는 순간, 선호의 실수로 무영의 속살을 보게 된다거나
쿠션의 고마운(?) 도움으로 묘한 자세를 연출한다거나….

　　　무영은 남자를 좋아하는 남자였습니다. 하지만 선호와 준석
은 이성애자였죠. 하지만 그들은 '무영'이기에 그를 사랑했습니다. 저는 이
두 사람이 남성과 여성이라는 경계를 뛰어넘었다고 생각합니다. 부디 이 대
본집을 통해 그들이 사랑을 쟁취하며 변해가는 감정의 성장을 즐겁게 감상
할 수 있었으면 합니다. 끝으로 어려운 촬영 상황에도 불구하고 함께 역경을
헤치며 지나온 전우(스태프)들, 바쁜 상황에서도 자신의 캐릭터를 공부하고
훌륭하게 표현해준 출연진들, 그리고 언제나 이야기를 성공적으로 마무리할
수 있도록 든든하게 응원해주셨던 제작사분들께 감사 인사를 전합니다.

2023년 5월

주성민 드림

선호

### #대형견 같은 매력의 19금 웹툰 작가

북실북실한 머리에 덩치는 크고, 헤벌쭉 웃는 순수한 멍멍이 같은 스타일. 모든 일에 긍정적인 편이고 매사 해맑다. 직업은 19금 로맨스 웹툰을 그리는 작가로, 이제는 야한 동영상을 봐도 신체가 반응하지 않는 일종의 직업병(?)을 겪고 있다.

무영

### #까칠한 고양이 같은 매력의 천재 어시

까만 머리와 대조되는 하얀 살결에 언제나 무표정한 얼굴의 소유자로, 뛰어난 그림 실력과 화려한 미모를 겸비한 선호의 어시스턴트. 평소 까칠한 성격으로 공과 사가 확실하고, 모든 일을 자로 대고 자른 듯 칼같이 처리하는 편이다. 늘 도도한 모습을 보여 쉽사리 다가가기 힘들어 보이지만, 사실 사랑하는 사람에게는 진심인 반전 매력의 캐릭터다.

### #무영 한정 24시간 대기 폭스남

무영의 오랜 친구로 학창 시절부터 지금껏 함께
한 막역한 사이다. 늘 각진 반무테안경을 착용하
고 고급 슈트만 입으며, 냉소적이지만 무영에게
는 늘 다정하다. 평소 애인보다 무영을 우선순위
에 두고 그가 부르면 지구 끝까지라도 달려갈 기
세다. 그러던 어느 순간, 자신이 무영을 친구 이
상으로 좋아하고 있음을 깨닫게 된다.

준석

### #'쪼기'의 달인, 담당 웹툰 PD

선호의 담당 PD로, 활발하고 시원시원한 스타
일이다. 성인 웹툰 PD 일을 오래 한 만큼 평소
부끄러움이 없는 편이다. 선호와는 오래 일해왔
기에 그에 대해서 잘 아는 편이며, 오늘만큼은
무사히 정시에 퇴근할 수 있기를 늘 간절히 바란
다. 그저 선호가 무사히 마감할 수 있도록 노력
했을 뿐인데 본의 아니게 세 남자의 연애 전선에
서 의외의 역할을 하게 된다.

민영

## 용어 정리

S#                신(scene, 장면)을 의미하며, 같은 장소와 시간 내에서 이루어지는 행동이나 대사가 하나의 신을 구성한다.

E                  이펙트(effect)의 약자로, 주로 등장인물 없이 소리만 나오는 경우를 표현할 때 사용한다.

(M), (D), (N)   해당 신의 시간적 배경을 나타내는 것으로, 각각 아침(morning), 낮(day), 밤(night)을 의미한다.

NA              내레이션(narration)을 뜻한다. 장면의 내용이나 줄거리, 등장인물의 독백 등을 장면 밖에서 설명하는 것을 말한다.

dolly zoom     달리줌. 줌아웃 트랙 인(zoom out track in)

을 의미하며 줌렌즈를 이용해 피사체를 밀
어내는 동시에 카메라를 전진시켜 배경이
멀어지는 듯한 느낌을 내는 시각효과다. 앨
프리드 히치콕 감독이 처음 사용한 기법으
로 히치콕 줌(Hitchcock zoom)으로도 불
린다.

V.O             보이스오버(voice over). 화면에 나타나지
않는 인물의 목소리나 소리를 일컫는다.

Ins             인서트(insert). 특정한 동작이나 상황을 강
조하기 위해 장면 사이에 삽입한 화면, 또는
삽입하는 것을 말한다.

zoom in       줌인. 카메라의 위치를 고정하고 줌렌즈의
초점거리를 변화시켜 촬영물에 접근하는 것
처럼 보이도록 하는 촬영을 말한다.

full shot      풀숏. 특정 인물이나 물체를 전체 모습이 모
두 나오도록 찍는 촬영 기법을 말한다.

transition     트랜지션. 한 장면에서 다른 장면으로 전환
할 때에 사용하는 기법을 말한다.

*Episode.1*

# 19금 웹툰 작가가
# 꽃미남 어시를 뽑습니다!

## S#1-1.   선호 집 - 작업실 / (D)

암막 커튼으로 가려 있는 창문.

두 개의 커튼 틈 사이로 강렬한 햇살 한 줄기가 방 안에
내리쬔다.

햇빛을 등지고 컴퓨터 앞에 앉아 있는 선호의 뒷모습.

클래식 음악이 방 안에 울려 퍼진다.

**선호(NA)**   나는 작가다.

마치 위대한 거장인 듯 그림을 그리는 선호, 인상을 찌푸
리며 폼을 한껏 잡는다.

그때, 모니터에서 들리는 신음에 음악이 멈춘다.

쓸쓸한 웃음을 짓는 선호.

**선호(NA)**   19금 로맨스를 그리는

태블릿에 그림을 그리고 있는 선호의 손 클로즈업.

적막 속에 펜 소리만 들려온다.

선호(NA)  웹툰 작가다.

물론 처음부터 19금을 그린 건 아니다. 치열한 웹
툰계에서 나만의 작품을 만들기 위해 몸부림치다
보니 어느새 이 길을 가고 있었다. 그런데,

친구 1  야, 선호야!

옆에서 들리는 목소리에 고개를 휙 드는 선호.
카메라가 옆으로 빠르게 이동하면,

S#1-2.  술집 / (N)

카메라가 옆으로 휙 돌아가고 술집에 모여 있는 친구들
의 모습이 보인다.

친구 1  19금 만화 그리면, 그리다가 혼자서 막 야한 상상
하고 그런 거 아냐?

친구 2  아우, 작업할 때마다 그러면 지쳐서 못 그리겠는
데?

**친구 1**　아냐, 내가 볼 땐 매일매일 보니까 오히려 고장 난 거 아냐?

선호는 양팔을 테이블에 올려 턱을 괴고 깊은 고뇌에 빠져 있다.
모두 조용히 선호를 바라보며 말없이 위로하는 느낌이다.
그 모습 그대로 작업실로 화면전환.


## S#1-3.　선호 집 - 작업실 / (D)

작업실에서 고뇌에 빠진 선호의 모습.

**선호(NA)**　성인 만화를 그리고부터 나의 주니어가 좀처럼 일어나지 못하고 있다.

바닥에 털썩 쓰러지는 선호.

**선호(NA)**　고장이라니… 내가 고장이라니!!!!

그때, 지이잉 지이잉 하고 진동이 연달아 울린다.
책상 위 휴대폰 화면에 '이민영 PD님' 카톡이 미리보기로

　　　　　　　　오! 나의 어시님

뜬다.

민영        작가님, 얼마나 남으셨어요?
          작가님, 마감 늦으시면 안 돼요!
          작가님~ 답 좀 주세요.

한숨을 내쉬는 선호.
선호의 뒷모습 위로 카톡 내용이 보인다.

민영        작가님, 다 됐죠? 원고 지금 보내주시는 거죠?

**선호**    아… 일하기 싫다.

## S#2-1.  카페 / (D)

선호가 긴장된 표정으로 앞을 바라보고 있다.
혼나고 있는지, 눈치를 살피는 대형견 같은 모습이다.
반대편에는 이민영 PD가 앉아 있는데 다리에서부터 머리
까지 쫙 빼입은 그녀의 우아하고 섹시한 자태가 보인다.

**선호(NA)**   그녀는 나의 담당 PD… 이민영 PD다.

우아한 자태와는 다르게 그녀는 상당히….

민영, 선호를 바라보며 씩 웃더니 표정을 바꾸고 말한다.

**민영**  작가님? 이거 성인 등급이에요.
이렇게 조선시대 같으면 누가 코인을 써요~.
확 벗기고 확 보여줘야죠!

주변에서 술렁이는 모습이 보이고, 선호는 어쩔 줄 몰라
하며 민영 PD에게 조용히 하라는 사인을 보내는데….
그러거나 말거나 야한 그림이 그려진 태블릿을 사람이 많
은 카페 테이블 위에 올리며 말하는 민영.

**민영**  그리고 이거! 블라우스 단추를 하나씩 푸는 거….

**선호**  네, 그거.

**민영**  (씩 웃으며) 구려요.

**선호**  아, 이건 개연성이….

**민영**  응, 아니요. 구려요.

**선호**  하나씩 풀어야 기대감이….

**민영**  (목소리가 점점 커지며) 응, 아니요.

오! 나의 어시님

**선호**      그 여기가 긴장되는 순간….

**민영**      응! 아니요! 아니 호텔에서 사랑을 나누는 것도 아니고 병원에서 몰래 막 벗기는데 그럴 시간이 어딨어요! 거기다 6인실인데? 블라우스를 팍 뜯고 팍 벗겨버려야지요!

민영이 점점 선호에게 다가가며 시연하듯 동작을 설명한다.
선호는 그런 민영이 점점 무서워진다.

**선호**      PD님, 조금만 작게 말….

**민영**      그리고 벽에 손을 탁 치면서!
남자가 점점 다가가서 보니까 블라우스 안은 노브라! 어때요!

**민영(NA)**      느낌이 딱 오죠? 어때요?

**선호(NA)**      미친…. 아니, 일에 미친 여자다.

주변 사람들이 깜짝 놀라 그들을 쳐다보고 있다.
남자의 귀를 잡아당기는 여자도 보이고 괜히 딴청을 피우는 사람도 보인다.
선호는 모든 걸 체념한 듯한 표정.

다시 자리에 앉는 민영, 선호를 바라보며 말하기 시작한다.

**민영**  그건 그거고….
매번 막마감 하면 힘들지 않아요?
어시 한 명 구하세요.

**선호**  안 그래도 어시 지원자들 받았어요. 뽑으려고요.

**민영**  저도 보여주세요! 어떤 분들 오셨어요?

## S#2-2. 카페 / (D)

선호의 옆자리로 가 휴대폰을 같이 확인하는 민영.
메일로 지원한 사람들의 내용이 하나씩 보인다.
마침 핸드폰에서 울리는 알람.
마지막 지원자의 메일이 도착하는데, 그 지원자는 바로
무영이다.
핸드폰 옆으로 나타나는 무영의 얼굴과 지원 동기, 그림
포트폴리오.

**민영**  어머, 이분 누구야? 웰케 잘생겼어?

**선호**  아니, 이분 누구야? 웰케 잘 그려?

오! 나의 어시님

**민영**        이분 그림 좋은데요?

마치 그림과 사랑에 빠진 듯한 선호의 모습.
그림에서 눈을 떼지 못한다.

**선호**        이렇게 아름다운 그림이라니….
한동안 내 그림만 보다 봐서 그런가? 선이 날카로
우면서도 따뜻한 느낌….
이런 그림을 그리는 사람은 어떤 사람일까요?

**민영**        잘생긴 사람….

**선호**        … 아. 네.

선호가 핸드폰을 드래그하자 주르륵 올라가는 지원자들.
첫 번째 지원자가 나타나고, 그의 지원 동기와 포트폴리
오 그림들이 나타난다.
카메라가 첫 번째 지원자의 얼굴로 zoom in 되면 선호의
작업실로 transition 된다.

## S#3-1.　선호 집 – 작업실 / (D)

　　　　덩치가 아주 큰 남자가 선호 앞에 마주 앉아 있다.
　　　　그의 포트폴리오를 보고 있는 선호.

**지원자 1**　　니코니코니~ 나 면접 보러 왔다는.

**선호**　　실력도 있으시고, 경력도 좋으시네요. 덩치도 되
　　　　게 좋으시고요.
　　　　마감 때는 철야도 하게 될 텐데 괜찮으시죠?

**지원자 1**　　에?? 철야는 가능하다는⋯ 그치만 재택근무 아니
　　　　면 안 하겠다는.

**선호**　　네? 화실에서 같이 작업 안 하시고요? 집도 가까
　　　　우신데 왜⋯.

**지원자 1**　　니쿠짱을 혼자 둘 수 없다는. 날 기다리고 있다는.


## S#3-2.　선호 집 – 작업실 / (D)

　　　　마르고 왜소한 남자가 선호 앞에 마주 앉아 있다.
　　　　그의 포트폴리오를 보고 있는 선호.

　　　　　　　　　　　　　　　　　오! 나의 어시님

| 선호 | 어시 경력이 꽤 있으시네요? |
|------|--------------------------|
| 지원자 2 | 네. 제가 유명 작가님들 밑에서 좀 있었습니다~.<br>그래서 저처럼 능력 있는 어시 구하기 쉽지 않으실 거예요.<br>언젠간 작가님도 유명해지겠죠? |
| 선호 | 네? |
| 지원자 2 | 뭐, 더 하실 말씀 남아 있으신가요? |
| 선호 | 아, 다른 지원자분도 남아 계셔서…. |
| 지원자 2 | (웃음) 아… 생각이요?<br>저 정도면 충분하지 않아요? |
| 선호 | 네, 충분하지 않아요~. |

## S#3-3. 선호 집 - 현관 / (D)

지원자 2를 내보내고 문을 닫는 선호.
현관문이 탁 닫힌다.
돌아서는 선호, 지친 얼굴이다.

| 선호 | 괜찮아, 아직 마지막 한 명이 남았잖아. |
|------|----------------------------------|

창밖으로 보이는 고급 외제 차에서 내리는 무영을 호기
심 어린 눈으로 바라보는 선호.

**선호**        뭐지? 저런 팔등신은 뭐 하는 사람일까.


## S#3-4.  (상상) 선호 집 – 작업실

무영과 함께 화기애애한 분위기로 일을 하는 선호.
무영이 선호의 지시에 따라 움직이며 그림을 그린다.
선호가 척척 지시하는 대로 쫄래쫄래 움직이는 귀여운
무영.
화기애애한 화실의 모습이 펼쳐지고 무영은 귀여운 미소
를 지으며 선호를 바라보고 있는데,

**선호**        시키는 대로 잘하는데요?

**무영**        작가님, 고마워요.

**선호(NA)**   저런 사람이 어시면 어떤 기분일까?

잠시 후, 띵동~ 벨이 울린다.

**선호**     (돌아보며) 어, 오셨나?!

현관으로 달려가 문을 여는 선호.
슬로모션으로 무영이 등장한다.
선글라스를 벗고 지그시 선호를 바라보는 무영, 당황하는
선호.
무영의 뒤로 후광이 비치는 듯하다.

**선호**     이런 팔… 등신이….


## S#3-5.  선호 집 - 현관 / (D)

실수로 소리 내어 말해버리는 선호.
상상 속에서는 웃고 있었던 무영의 차가운 얼굴이 현실로
돌아온 것을 알려준다.
깜짝 놀라는 선호.


## S#4.    선호 집 - 작업실 / (D)

작업실에 앉아 무영을 뚫어져라 바라보며 면접을 보는

선호.
분위기는 선호가 면접을 보러 온 사람인 것 같다.
잔뜩 긴장하고 있는 선호.

**무영**   네??

**선호**   네? 아닙니다!
어… 일단 포트폴리오가 매우 훌륭하시네요!

무영의 그림을 들고 있는 선호의 손이 미세하게 떨린다.
흘끗 무영을 바라보는 선호의 시선.

**선호**   색감도 되게 좋으시고요.

조각 같은 무영의 얼굴 곳곳을 자세하게 보는 선호.
그때, 쿵쾅쿵쾅 심장 뛰는 소리가 들려온다.
의아한 표정으로 변하는 선호의 얼굴.

**선호(NA)**   뭐지, 이 두근거리는 소리는?
심장이 왜 두근거리는 거야?

자신의 가슴을 내려다보는 선호, 손을 왼쪽 가슴에 가져
다 댄다.

그때, 선호를 의아하게 바라보는 무영.

**무영**      작가님, 면접 안 보세요?

**선호**      (무심결에) 네?

무영이 자신을 빤히 바라보고 있는 것을 느끼는 선호.
가슴에 있던 손을 자연스럽게 목으로 올린다.

**선호**      아뇨. 갑자기 목이 좀 말라서요….

자연스럽게 쓱 자리에서 일어나는 선호.

**선호**      저 잠깐 물 한 잔만 좀….
             (뜬금없이 어색하게) 아, 커피! 커피 한 잔 드시죠!

**무영**      아뇨. 괜찮습니다.

**선호**      (어색함을 없애려 일부러) 에이~ 아닙니다! 한 잔 드
             세요! 제가 타 드릴게요!

부엌으로 성큼성큼 향하는 선호.

## S#5.    선호 집 – 부엌 / (D)

커피 잔에 뜨거운 물을 붓는 선호.

**선호(NA)**    남자한테 가슴이 두근거리다니….
여자를 안 만난 지 너무 오래돼서 그런가….
하긴, 연애 안 한 지 꽤 됐으니까….

선호의 뒤로 작업실에 있는 무영이 보인다.
흘끗 뒤돌아 무영을 바라보는 선호.
아직도 심장이 쿵쾅거리는 자기 가슴을 내려다본다.
그러고는 마음을 다잡고 잔을 집어 든다.

## S#6-1.    선호 집 – 작업실 / (D)

선호가 커피 잔을 건네려 하는데, 무영이 선호를 향해 무
표정한 얼굴로 이야기를 시작한다.

**무영**    근무하게 되면 여기로 출근하는 겁니까??

**선호**    제가 있는 자리에서 바로 작업 주고받는 걸 선호
해서… 괜찮으세요?

**무영**        괜찮지 않아도 해야죠, 일인데.

**선호**        아, 그건 그렇지만….

**무영**        단, 조건이 있습니다.

**선호**        조건이요?

**무영**        (팔짱 낀 채로) 네. 제 요구사항은! 먼저, 아침 9시 출근, 저녁 6시 퇴근입니다.

**선호(NA)**    (당황) 네? 9시요? 저 그때 일어나본 적이 없는데요?

**무영**        그리고 점심시간 한 시간 제외하고 하루 8시간씩 주 5일, 총 40시간 근무고요.

**선호(NA)**    (당혹) 4, 40시간….

**무영**        주말 근무 없고요, 마감 기간에도 야근 절대 안 됩니다.
그리고 공휴일은 무조건 쉬겠습니다.

**선호(NA)**    마감 기간에 야근은 선택이 아닌 필수인데요…?

**무영**        또한, 화실에서 점심 제공해주셔야 합니다.

**선호(NA)**    할 줄 아는 요리는 라면뿐인데!

| 무영 | 그리고 화실 청소 안 하고요, 서로 반말 사용도 안 됩니다. |
|---|---|
| | 반려동물, 흡연도 안 되고요. |
| | 환기는 하루 세 번 이상 해주셔야 합니다. |
| 선호 | (드디어 신나서) 오! 네! 화실 청소는 제가 하고, 반말은 안 쓸 수 있고, 반려동물 없고, 흡연도 안 해요! 환기는 세 번 가능합니다! |
| 무영 | (무표정) 이 조건들만 맞춰주시면 당장 일할 수 있습니다. |
| 선호 | (눈치 보며 벌떡 일어서는) 제가 최대한…!!!! |

## S#6-2. 선호 집 - 작업실 / (D)

그때, 급하게 일어나다 커피 잔을 들고 넘어지는 선호. 뜨거운 커피가 무영의 가슴팍으로 확 쏟아진다.
놀라는 무영. 쟁반과 커피 잔이 하늘을 향해 날아오르고 무영을 향해 떨어지는 커피 잔.
"안 돼"를 외치는 선호와 무표정으로 커피를 맞는 무영의 모습이 슬로모션으로 보인다.
간신히 무영의 의자 손잡이를 잡아 완전히 넘어지지 않은 선호.
마치 무영을 덮칠 듯 의자를 붙잡고 무영을 향해 얼굴을
내민 자세가 된다.
고개를 들면, 선호의 눈에 보이는 갈색이 되어버린 무영
의 하얀 셔츠.

**선호**    (놀라) 셔츠가!

단추로 손을 가져가는 무영, 단추가 잘 풀리지 않는다.
그때, 민영의 목소리가 들려온다.

**민영(E)**    호텔에서 사랑을 나누는 것도 아니고 병실에서 몰
래 막 벗기는데 그럴 시간이 어딨어요!
팍 뜯고 팍 보여줘야죠!

그러자 자기도 모르게 무영의 셔츠로 손을 가져가는 선호.
쫘악 셔츠를 뜯어버린다.
당황하는 무영, 하지만 여전히 무표정이다.

**선호(NA)**    헉! 내가 무슨 짓을!

선호의 눈에 무영의 넓고 섹시한 가슴팍이 들어온다.

오! 나의 어시님

무영의 의자 뒤쪽을 탁 잡으며 무영을 감싸는 모습이 되어버린 선호.

선호(NA)    미쳤어!!!

갑자기 자신의 주니어가 일어난다는 느낌을 받은 선호, 급히 자신의 몸을 의심한다.

선호(NA)    응?! 갑자기 왜 나의 주니어가?!

이때, 무영이 차가운 얼굴로 선호를 바라보며 말한다.

무영    뜨겁습니다.

당황한 선호, 몸을 반쯤 구부려 어정쩡한 자세를 취하고 있다(자신의 주니어를 들키지 않으려는 의지).

선호    아! 수… 수건!

급하게 휙 돌아서 후다닥 화장실로 뛰듯이 걸어가는 선호.

선호    갈아입으실 옷 좀 드릴게요!

# S#7.    선호 집 - 현관 / (D)

작업실 현관문이 열린다.
우스꽝스러운 티셔츠를 입고 작업실에서 나오는 무영.
손에는 커피에 젖은 흰 셔츠가 들려 있다.
긴장한 모습으로 따라 나오는 선호.


**선호**    오늘은 정말 죄송했습니다.

**무영**    네. 다음부터는 조심해주십시오.
          … 또 뵙게 된다면요.

**선호**    아! 또 뵙죠! 내일 또 뵈어요!

**무영**    네?

**선호**    합격이시라고요! 제 어시가 되어주세요!

**무영**    아, 합격할 것 같긴 했는데 이렇게 바로 말씀해주
          실 줄은 몰랐네요.

**선호**    그럼 내일부터 당장 출근해주세요.

**무영**    네, 알겠습니다.


돌아서는 무영, 계단을 내려간다. 무영을 향해 밝게 손을

흔드는 선호.

선호는 문을 닫고 가슴을 쓸어내리는데 계속 잔여운이 남아 있는 듯하다.

자신의 주니어를 내려다보며 말하는 선호.

**선호(NA)**   예스!! 잘됐다. 근데 뭐지? 고장 난 거 아니었던 거야?

아니 왜 갑자기….

급작스레 현타가 오는 듯한 선호.

## S#8.   JJ바 / (N)

바 자리에 앉아 술을 홀짝이고 있는 준석.

반무테안경에 슈트 차림이다.

그때, 우스꽝스러운 티셔츠를 입은 무영이 준석을 향해 걸어온다.

**준석**   (경악스러운) 아, 옷 뭐야?

설마 그 꼴로 면접을 간 건 아니겠지?

**무영**   (옷 급히 가리며) 아… 말하자면 길어.

**준석**     (무영 빤히 보다가) ⋯ 너 기분 좋아 보인다?

**무영**     ⋯. (무표정이지만 기분 좋음.)

**준석**     직접 보니까 어때? 네가 오래전부터 좋아하던 작
            가잖아.
            네 취향이야?

**무영**     ⋯. (발그레.)

**준석**     어? 진짠가 보네? 내가 더 맞춰볼까?
            (피식 웃으며) 북실북실한 머리에, 헤벌쭉 웃고, 순
            수한 멍멍이 같은 스타일!

            무영이 떠올린 선호의 모습이 보이고,

**선호(상상)**   이건 안 어울리겠죠?

            순간 당황하는 무영, 양 뺨이 씰룩거리며 불그레해진다.

**준석**     (능글맞은 표정으로 무영에게 어깨동무하며) 맞네.
            아~~고무영 취향 참 한결같다. 너 첫사랑 때⋯.

**무영**     (말 자르며) 그만해, 한준석.

**준석**     뭐, 아무튼 잘해봐. 혹시 모르잖아.

**무영**　　가능성 없어. 이성애자야. 19금 성인물 그리는.

바텐더가 무영에게 술을 건넨다.
술을 홀짝이는 무영.

**무영**　　이성애자가 날 좋아할 리 없잖아….

그때, 한 남자가 두 사람의 곁으로 다가온다.

**남자**　　저기, 두 분이서 오셨어요?
　　　　괜찮으시면 제가 한잔 사드릴까 하는데?

남자를 바라보는 무영과 준석.

**남자**　　저기 안경 쓰신 분 핸섬가이다.

**준석**　　관심 없습니다.

**남자**　　아… 오케이.

남자가 무안한 표정으로 돌아선다.
쏘아보는 듯한 눈빛으로 무영을 바라보는 준석.

**준석**    야, 오케이 하면서 윙크하잖아. 그러게 넌 왜 자꾸
            여기서 보자는 거야?

주위를 두리번거리며 다른 남자들을 살펴보는 무영.

**무영**    여기 오면 썸 타기 쉬우니까.
            너랑 얘기도 하고, 일석이조잖아?

**준석**    지나 일석이조지.
            어디가?

**무영**    화장실.

**남자**    저기….

**준석**    쓰읍.


## S#9.    무영 집 / (N)

털썩 쇼파에 앉아 우스꽝스러운 옷을 바라보며

**무영**    이성애자다 무영아, 정신차려.

*Episode.2*

# 호감이 설렘으로,
# 설렘이 오해로

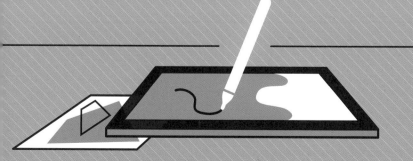

## S#1-1.    선호 집 - 작업실 / (M)

검은 셔츠에 검은 바지를 입고 손에 쇼핑백과 큰 박스를
든 무영, 작업실 안으로 들어온다.
잠에서 막 깬 듯한 선호가 부스스한 머리를 긁적이며 무
영을 맞이한다.

**선호**     (하품하며) 세상에, 이거 다 무영 씨 짐이에요?

**무영**     (책상에 박스 내려놓으며) 제가 쓰는 컴퓨터를 가져
         왔습니다.
         쓰던 게 익숙해서요. 제 거 써도 되죠?

**선호**     (눈 비비며) 아, 그럼요. 저 커피 마실 건데 혹시 드
         실….

**무영**     (칼같이 차단) 됐습니다.

**선호**     (애교 부리듯 웃으며) 에이, 이번엔 안 엎을게요.

**무영**     마시고 왔습니다.

(쇼핑백 건네며) 이거.

**선호**    (쇼핑백 받으며) 이게 뭐예요?


선호, 쇼핑백을 열어본다.
어제 무영이 빌려 입었던 우스꽝스러운 선호의 티셔츠가
깨끗하게 세탁되어 반듯하게 접혀 있다.


**무영**    세탁해서 가져왔으니 그냥 입으셔도 됩니다.

**선호**    안 빨고 주셔도 되는데~.

**무영**    그건 예의가 아니죠.


그때, 벽시계가 9시를 가리킨다.
시계를 바라보곤 의자에 앉는 무영.


**무영**    그럼 일 시작할까요?


## S#1-2.  선호 집 – 작업실 / (D)

각자의 자리에서 그림을 그리고 있는 선호와 무영.

**선호**    (머리를 싸매고 있는) 흠….

**무영**    (선호 보며) 왜 그러시죠? 무슨 문제라도 있습니까?

**선호**    아닙니다….
        (한숨 쉬는) 후우….

**무영**    왜 자꾸 한숨을 쉬세요?
        혹시 방금 드린 그 컷 구도가 마음에 안 드세요?

**선호**    (손사랫짓하며) 네… 아, 아니요! 그럴 리가요. 그게
        아니라….
        (머리 헝클어뜨리며) 포즈가 잘 안 나와서요.
        (좌절스러운) 한 시간째 같은 컷을 그리고 있어요.

**무영**    전 또 뭐라고…. 그런 일이 있으시면 바로 말씀하
        세요.
        (자리에서 일어서며) 제가 도와드릴게요.
        포즈 취해드리면 되죠?

**선호**    앗, 정말요? 감사합니… 괜찮으시겠어요?


무영이 선호에게로 다가간다.

선호의 모니터에 그려지고 있는 그림을 바라보는 무영.


오! 나의 어시님

**선호**    (모니터 보며) 다리는 약간 벌리고….

**무영**    (당황한 듯 아무 말도 하지 않는) ….

**선호**    아무래도 좀 그렇죠?

**무영**    (아무렇지 않은 척) 아뇨, 일인데요 뭐. 제가 포즈를
잡아볼게요.
사진 찍으실래요?

**선호**    (연필 들며) 크로키만 해도 될 것 같아요.

잡을 곳을 찾는 무영, 마땅한 곳이 없다.

**무영**    음… 잡을 만한 곳이 없네요.

**선호**    (신나서) 그럼 제 침대로 가서 할까요?
거기서는 제가 원하는 포즈랑 똑같이 나올 수 있
을 것 같아요.

만족스런 얼굴로 자신의 방으로 향하는 선호.
뺨을 조금 붉히며 따라가는 무영.

# S#2-1.    선호 집 - 침대 / (D)

약간 누운 자세로 다리를 벌린 포즈를 취하고 있는 무영.
그 뒤에 진지한 얼굴로 서 있는 선호.
무영, 볼에 이어 귀까지 조금 빨개져 있다.


**무영(NA)**    괜히 이상한 생각하지 말자.
정가님은 진지하게 일하시는데….

펜을 세워 구도를 잡는 선호, 빠르게 크로키를 하기 시작
한다.


**선호**    (작게 혼잣말) 그렇지 중앙을 세우고….

**무영(NA)**    세워?!

동공 지진을 일으키는 무영.


**선호**    (작게 혼잣말) 여긴 좀 단단하게.

**무영(NA)**    단단하게?!

계속해서 빠르게 그림을 그리는 선호.

**선호**     잠시만요. 한 컷만 더 그럴게요.


## S#2-2. 선호 집 – 침대 / (D)

선호가 구도를 잡기 위해 뒷걸음질하는 그때, 엉덩이로
뒤에 있던 옷걸이를 쳐버린다.

그러자 선호를 향해 쓰러지는 옷 무더기가 걸린 옷걸이.

옷걸이에 떠밀린 선호가 무영 쪽으로 쓰러지고, 무영은
침대로 쓰러진다.

옷 무더기 아래 침대에 포개져서 누워 있는 선호와 무영,
선호가 무영의 얼굴 옆을 팔로 지지한 상태다.

(엎드려서 벽치기 하는 듯한 자세.)

무영은 뒤돌아 있기에 백허그의 느낌이 물씬 난다.


**선호**     (당황) 괜찮으세요?

**무영**     … 네. 작가님이야 말로 괜찮으세요?


그때, 선호의 휴대폰 진동이 울린다. 연달아 오는 민영의
메시지.

하지만 휴대폰이 옷 무더기에 묻혀 진동 소리가 잘 들리
지 않는다.

그때, 그곳이 닿아 있는 것을 깨닫는 선호와 무영. 선호의
그곳이 텐트를 친다.
당황하는 두 사람.

**선호(NA)**   이게 왜 또!


## S#2-3.  선호 집 – 침대, 작업실 / (D)

당황한 표정의 선호와 무영.
그때, 문이 쾅 열리며 민영이 뛰어 들어온다.

**민영**   (급히 두리번거리며) 작가님! 왜 이렇게 연락을 안
받으세요!

민영과 눈이 마주치는 선호, 무영.
선호와 무영의 야릇한 자세를 목격하는 민영.

**민영**   !! 작가님, 지금 뭐 하는…?
(급 상황 이해한 듯 능글맞게) 어머, 제가 좋은 시간
을 방해했나 보네요~.
죄송해요, 저는 작가님이 연락이 안 되시길래 혹

시 쓰러져 잠드신 줄 알고….

(선호 자세 보고) 아, 쓰러지시긴 하셨네요.

암튼, 하던 거 마저 하세요.

돌아서려는 민영, 선호가 급히 일어난다.

**선호**   아뇨, PD님. 그게 아니라 이분은 제 어시님…!

**민영**   아~ 어시님이시구나? 어시님이랑도 그럴 수 있는
거죠~.

전 다~ 이해해요~. 저 편견 없는 사람이라고요~.

움찔하는 선호와 무영.

**선호**   아니, 그게 아니라… 자세를 좀 잡아보다가…!

**민영**   자세를?! 어떤 자세를 원하셨길래?!

아이구 작가님~. 그 자세 혼자만 써먹지 마시고
우리 작품에도 좀 써주세요~.

**선호**   (답답) 아니, 그게 아니라요~.

작품에 들어갈 자세를 그리려고 연습하던 중이었
어요~.

**민영**   연습? 몸으로 직접? 역시 노력파 작가님이셔!

**선호**    아니, 그게 아니라….

쓱 일어나는 무영.

**무영**    (끼어드는) 작가님이 원하시는 자세가 안 그려지신
다고 하셔서 제가 자세를 좀 취해드리다가 같이
넘어진 것뿐입니다.

**민영**    (믿지 않지만 믿는 척) 네, 그럴께요.


## S#3.    선호 집 - 작업실 / (D)

자신의 자리에 앉아 있는 선호와 무영.
선호 옆에 앉아 있는 민영.

**선호**    PD님, 이렇게 아무 때나 쳐들어오라고 비밀번호
를 알려드린 건 아닌데….

**민영**    (째려보며) 제가 오죽하면 그랬을까요.
요 근처에 미팅 왔다가 잠시 들렀던 거예요.
마. 감. 늦. 으. 실. 까. 봐.

**선호**    하하… 그럴 리가요. (말 돌리며) 이쪽은 새로 오신

제 어시, 고무영 씨입니다.

**민영**    (선호 보며) 와~ 그 잘생기셨던 그분?

**선호**    (민영을 흘긋 보고) 그! 그림 잘 그린다는 그분!
운 좋게도 같이 일하게 됐어요.

**민영**    (무영 보며) 안녕하세요, 신선호 작가님 담당하고
있는 이민영 PD예요.

**무영**    (민영 보며) 네, 안녕하세요.

**민영**    (선호에게) 어시님도 새로 오셨는데 회식 어때요?
뭐 드시고 싶으세요? (카드 꺼내며) 법카로 제가 쏠
게요!

**선호**    (물개 박수를 치며) 와아~ 뭐 먹을까요? 저 먹고 싶
은 거 되게 많은데~.


서로를 바라보며 활짝 웃고 있는 선호와 민영.

그런 민영을 스캔하는 무영.


**무영(NA)**    아무리 마감이 중요하다 해도 집 비밀번호까지 알
려줘?
원래 그런가? 아니면 둘이….

| 민영 | 일단 나가실까요? (무영을 바라보며) 어시님도 같이 가시죠? |
|---|---|
| 무영 | 아닙니다. 두 분 일하시는 데 방해만 될 텐데요 (살짝 빼짐). |
| 선호 | 에이, 일하는 거 아니에요. 그냥 밥 먹는 거예요! |
| 무영(NA) | (답답한) 그러니까요, 작가님. 공적인 사이끼리 왜 사적으로 밥을 먹냐고요…. |
| 민영 | 그래요. 거절하지 말고 같이 가세요~. (벌떡 일어나며) 빨리 갑시다~. |

민영에게 이끌려 현관 밖으로 나가는 선호와 무영.


## S#4-1.  초밥집 / (D)

마주 앉아 있는 선호와 민영, 그리고 선호 옆에 앉아 있는 무영.

| 민영 | 아~ 배고프다. (선호 바라보며) 배고프시죠? |
|---|---|

오! 나의 어시님

우리 저번에 갔던 가게 정말 괜찮았는데.
거기는 이번 마감 끝나고 가면 되겠다. 그쵸?

**선호**    네.

(무영 보며) 무영 씨도 배고프시죠?

**무영**    네, 뭐.

**민영**    (뭔가 떠오른 듯 선호 바라보며) 참, 음식 나오기 전까
지 시간 있으니까 잠깐 일 얘기 좀 해도 될까요?

**선호**    에이~ 일 얘기 안 하신다고 해놓곤~!

**민영**    죄송해요.

(휴대폰 꺼내려다 멈칫) 그럼 하지 말까요?

**선호**    아녜요, 하세요. 대신 잠깐만이에요?!

**민영**    네! (휴대폰에서 그림 보며) 보내주신 수정 원고들
중에서 이 컷이요.

민영과 선호의 모습이 왠지 다정해 보인다.
무영은 그들의 모습을 무표정으로 바라보고 있다.
민영이 스크롤을 손으로 내리며 그림들을 지나치다가 한
그림에서 멈춘다.
남자가 여자의 셔츠를 벗기는 장면이다.

셔츠를 쫙 뜯는 남자의 손이 보인다.

**선호**    네.

**민영**    이 장면, 셔츠 쫙 뜯는 거 너무 섹시해요!
            완전 야릇해! 컷이 너무 좋아졌어요~.

**선호**    (멋쩍은) 그런가요…?

**민영**    막 내가 직접 뜯는 기분이 든달까?
            직접 해보셨어요?!

**선호**    (움찔) 네? 아, 아뇨.
            (무영 눈치 보며) 아니다, 그게 아니라… 그게….

            선호와 무영의 시선이 마주친다.


S#4-2. (회상) 선호 집 - 작업실 / (N)

            자기도 모르게 무영의 셔츠로 손을 가져가는 선호.
            쫙 셔츠를 뜯어버린다.

# S#4-3. 초밥집 / (D)

뻘쭘한 표정으로 급히 서로에게서 시선을 피하는 무영과
선호.

**민영**    여기서 보이는 속살에서 아주 막 섹슈얼한 감정이
불끈 솟아오르잖아요!

민영의 목소리가 점점 들리지 않는 선호와 무영, 애써 시
선을 피하는 데 급급하다.


# S#5.    거리 – 선호 집 앞 / (D)

쭈쭈바를 빨며 걷는 선호와 그 옆에서 아이스 아메리카
노를 마시며 걷는 무영.

**선호**    (무영 보며) 초밥 맛있었죠? 불편하진 않으셨어요?

**무영**    네, 뭐.

**선호**    (하품하며) 후아~ 저는 가서 잠깐 눈 좀 붙여야겠
어요.
아침에 일찍 일어난 게 너무 오랜만이라….

무영 씨도 피곤하면 낮잠 좀 주무세요.

**무영**   아닙니다. 일해야죠.

**선호**   아… 네. (눈치 보며) 저도 열심히 마감할게요! 화
이팅!


## S#6-1.   선호 집 - 침대 / (D)

침대에 널브러져 자고 있는 선호.
무영이 뒤를 돌아보더니, 일어나 선호에게 다가간다.

**무영**   작가님…. 벌써 6시입니다.

침대 앞으로 다가와 선호가 자는 모습을 빤히 바라보는
무영.

**무영(NA)**   자는 모습도 귀엽네…. 역시 내 스타일이야….

선호의 팔을 향해 손을 뻗는 무영.
그때, 선호가 잠꼬대를 한다.

**선호**        (잠꼬대) 므…융 씨….

멈칫하는 무영.

**무영(NA)**    므융 씨?! 므융… 무영…?! 혹시 이거 난가?!

한쪽 입꼬리가 씩 올라가는 무영.

**무영(NA)**    잠깐, 므융이면… 미영… 민영일 수도 있잖아!


## S#6-2. (회상) 선호 집 - 작업실 / (D)

**민영**        (손 내밀며) 반갑습니다.
신선호 작가님 담당하고 있는 이민영 PD예요.


## S#6-3. 선호 집 - 침대 / (D)

고민스런 표정을 짓는 무영.

**무영(NA)**    대체 무영이야 민영이야?!

오! 나의 어시님

고개를 작게 가로젓는 무영.

**무영(NA)**   잠깐. 나일 리가 없잖아. 말도 안 돼.

한숨을 작게 내쉬는 무영.

**무영(NA)**   정신 차려 고무영! 빨리 깨워드리기나….

선호를 향해 손을 뻗는 무영.
그러다 손이 선호의 머리칼에 닿는다.
자기도 모르게 선호의 머리칼을 쓰다듬는 무영.

**무영(NA)**   하지만 나였으면 좋겠다…. 무영 씨라 불러줬으
면….

그때, 눈을 딱 뜨는 선호.
선호와 무영의 눈이 마주친다.

**선호**   무영 씨?!

**무영**   (당황) !!

무영이 쓰다듬던 손을 쫙 펴더니 손날로 무영의 머리를

탁탁 친다.

**무영**    이… 일어나세요, 작가님!

**선호**    악!

정신을 차리며 깨어나는 선호, 무영은 조용히 손을 거둔다.

**선호**    앗, 죄송해요….

**무영**    빨리 일어나세요. 저 퇴근할 시간입니다.

**선호**    벌써요? 좀만 일찍 깨워주시지~.

**무영**    깨웠는데 안 일어나셨다니까요. 암튼 저는 퇴근합
니다.

**선호**    네~ 가세요. 더 자야지.

무영이 먼저 돌아서 나간다.
뭔가 무영의 모습이 삐걱거리는 것 같다.
자리에서 일어나는 선호.

## S#7-1.  거리 - 무영 집 앞 / (N)

집으로 들어가는 무영. 준석에게 전화를 한다.
전화를 받는 준석.

**무영**        어.

**준석**(E)     뭐 해?

**무영**        나 집에 가는 길.

**준석**(E)     아, 그래?

**무영**        뭐 해?

**준석**(E)     나 근처인데 저녁이나 같이 먹을까?

**무영**        그래, 집으로 와 그럼.

**준석**(E)     응, 알겠어. 내가 거기로 갈게.


## S#7-2.  준석 사무실 / (N)

준석이 사무실에서 전화를 하고 있다.
윤아와 데이트를 가려고 나갈 준비하던 준석, 전화를 끊고 홀로 나갈 준비를 하기 시작한다.

그런 준석을 바라보는 윤아는 어이가 없다.


**윤아**   간다고? 지금?

아니 제정신이야? 오빠, 오늘 나랑 뮤지컬 보러 가기로 했잖아.

**준석**   그럼 어떡해. 고민 있어 보이는데.

**윤아**   아니 오빠는 애인보다 친구가 먼저야?

**준석**   알잖아. 무영인 친구 나 하나뿐인 거…. 미안해.


준석은 짐을 챙기다 잠시 생각에 잠기더니 그대로 사무실 밖으로 나간다.



## S#8.   무영 집 – 부엌 / (N)

집에서 요리를 하는 무영, 준석은 식탁에 앉아 그런 무영을 바라보고 있다.

그러다 슬쩍 옆으로 가서 말을 건네는 준석.


**준석**   너 고민 있지?

| 무영 | (뜨끔) 고민? 고민은 무슨. 아냐, 그런 거 없어. |
|------|------|

| 준석 | 아니, 있는데. 난 네 얼굴만 보면 다 알아. |
|------|------|
| | 괜히 시간 낭비하지 말고 얘기해. 어차피 나한테 |
| | 얘기할 거잖아. |

| 무영 | …. |
|------|------|

| 준석 | 뭔데 그렇게 뜸 들여? 심각한 거야? 죽을병이라도 |
|------|------|
| | 걸렸어? |

| 무영 | 므흉. |
|------|------|

| 준석 | (뭔 소린가 싶은) ?! |
|------|------|

| 무영 | 무슨 말인 거 같아? |
|------|------|

| 준석 | 므흉? 그게 뭔데? |
|------|------|

| 무영 | 사람 이름인데 흘리듯이 발음한 거야. |
|------|------|
| | (조심스럽게) 무영인 것 같아, 민영인 것 같아? |

*"푸하하" 웃는 준석.*

| 준석 | 그 작가 양반이 한 말이냐? |
|------|------|

| 무영 | 왜 웃어? |
|------|------|

오! 나의 어시님

**준석**　　작가 양반이 한 말이냐고.

**무영**　　(한참 뜸 들이다가) … 어.

**준석**　　민영은 누군데?

**무영**　　담당 PD.

**준석**　　말할 거면 제대로 말하지 그 양반은 왜 말을 흘려
　　　　서 했대?

**무영**　　(말 안 하려다가) … 잠꼬대한 거야.

**준석**　　잠꼬대?! 벌써 같이 잤어?

**무영**　　뭐래. 자긴 뭘 자. 그런 사이 아니라니까.

**준석**　　그럼 무영인지 민영인지도 궁금해할 필요 없는 거
　　　　아냐?

**무영**　　그건….

**준석**　　꽂힌 거 맞네.

**무영**　　그래도 바뀌는 건 없어. 이성애자라니까.

**준석**　　이성애자일지 양성애자일진 모르는 거잖아.
　　　　혹시 알아? 본인도 모르는 양성애자일지?

**무영**    (생각에 빠지는) ….

**준석**    사람 마음 모르는 거야.
누군가한테 빠지면 자기도 몰랐던 진심이 나올 수
도 있는 거라고.
넌 빠졌어.

**무영**    므흥.


무영이 생각에 잠긴다.
그런 그를 빤히 바라보는 준석.


## S#9.    거리 – 무영 집 앞 / (N)

준석을 배웅하러 나온 무영, 준석의 차 앞이다.

**준석**    진짜 술 한잔하러 안 갈래?

**무영**    응. 땡기지도 않고,
(이마에 손 대며) 머리도 좀 아프고….

**준석**    머리가 아파? 열 있는 거 아냐? 봐봐.

무의식적으로 손을 뻗어 무영의 이마를 짚어보는 준석.
펄 다정해 보인다.

**무영**  (준석 손 잡아 내리며) 그런 건 아냐, 괜찮아.
(준석 손 놔주며) 얼른 가봐. 피곤하겠다.

자신의 손을 놓은 무영의 손을 잠시간 바라보는 준석.

**준석**  그래 그럼. 들어가라.

돌아서는 무영. 터벅터벅 걸어간다.
그의 뒷모습을 빤히 바라보는 준석.
준석이 무영과 닿았던 자신의 손을 들어 빤히 바라본다.

## S#10.  거리 - 무영 집 앞 / (N)

집으로 들어가려고 하는 무영.
그때, 카톡 알람이 울린다.
휴대폰을 확인하자, 선호에게서 카톡이 와 있다.

선호          저 좀 깨워주고 가시지ㅠㅠ.

                저 남은 컷 엄청 많아서 지금 죽어가요….

# *Episode.3*

# 술 마시고 누드 크로키를
# 그리면 안 돼요!

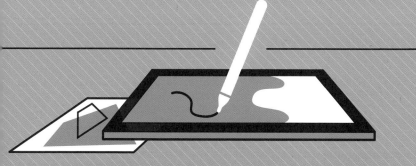

## S#1.    선호 집 – 작업실 / (N)

열심히 작업 중인 선호. 그 옆에 민영이 서 있다.
민영이 파우치에서 립스틱을 꺼내 입술에 덧바른다.
립스틱에 보이는 이니셜, MY.


**민영**   그거 알아요? 작가님 마감이 늦게 끝나면 우리
PD님들도 퇴근이 늦어져.
그런데 어떤 PD님들은 아이들이 있겠죠?
그럼 어린이집 선생님도 늦겠죠?
그러다 보면 세상 모든 사람들이 야근하겠네?
아 좋겠다. 그쵸? 하하!


무영은 주차장에 서서 주머니에 있는 키를 만지작거린다.
자신의 차 앞에서 잠시 고민하는 모습의 무영, 다시 한번
휴대폰을 확인한다.


**무영(NA)**   혼자 하기 버거우실 텐데….


오! 나의 어시님

남아서 좀 도와드리고 올 걸 그랬나….
당황해서 다 안 끝내고 오긴 했는데….

빤히 문자를 바라보던 무영, 내비게이션 앱에 들어간다.
즐겨찾기에 저장된 작업실.
고민 끝에 결국 '작업실'을 터치하는 무영.
결심한 듯한 표정으로 차에 타고 운전대를 잡는다.

✳

선호는 눈치가 보이는지 어색하게 웃어버리는데, 민영은
선호를 노려본다.

**민영**   힘내시라고 밥 사드리고 갔더니 잠드시면 어떻게
해요!
갑자기 찾아오네 뭐라고 할 때는 언제고!
이러다가 마감 늦으시면 어쩌실 거예요!

책상 위에 자연스럽게 파우치를 올려놓는 민영.

**선호**   죄송합니다, PD님…. 저도 모르게 꿀잠이 들어
서….

| 민영 | (무영 자리 바라보며) 휴… 이럴 때 어시님이라도 계시면 좋을 텐데 벌써 퇴근하신 거예요? |
|---|---|
| 선호 | 네, 어시님은 6시까지만 계시기로 계약이 되어 있어서요.<br>걱정 말고 들어가세요. 제가 꼭 자정까지 작업물 보내드릴게요. |
| 민영 | 진짜죠? 저 또 달려오게 만드실 거 아니죠? |
| 선호 | 그럼요. |

가방을 챙기는 민영, 파우치를 빠뜨린다.
나갈 준비를 한 민영이 돌아선다.

| 민영 | 저 그럼 작가님 믿고 갑니다? 저 퇴근해요?! |
|---|---|
| 선호 | 네네, 믿어주세욥! |

민영이 현관으로 가서 신발을 신는다.

| 민영 | 그럼 수고하세요. 작가님~ 파이팅! |
|---|---|
| 선호 | (마지못해) 파이팅…. |
| 민영 | 파이팅! |

오! 나의 어시님

민영이 문을 열고 나간다.

선호, 민영이 나간 걸 확인하더니 손을 멈춘다.

**선호**        그렇게 잤는데 또 졸리네….

자리에서 일어나 상의를 탈의하는 선호.

**선호**        일단 좀 씻자!

화장실로 들어가는 선호.


## S#2-1.   (상상) 선호 집 – 작업실 / (N)

두 손을 꼭 모아 쥐고 초롱초롱한 두 눈으로 무영을 바라
보는 선호의 모습.

**선호**        무영 씨 정말 감사해요! 무영 씨밖에 없어요!

## S#2-2.　거리 - 선호 집 앞 / (N)

한숨을 내쉬는 무영.

**무영**　　그래, 오늘만 도와드리자. 딱 두 시간만!

차에서 무영이 내린다.
작업실 건물로 걸어가는 무영의 표정이 심란하다.

## S#3-1.　선호 집 - 복도 / (N)

화장실에서 물소리가 크게 들려온다.
그때, 비밀번호 누르는 소리가 들리더니 현관문이 열린다.
때마침 끊기는 물소리, 신발을 벗고 안으로 들어오는 무
영의 앞에서 갑자기 화장실 문이 벌컥 열린다.
그러곤 바지만 입은 채 상반신을 탈의한 선호가 수건으
로 머리를 탈탈 털며 나온다.
선호와 마주하는 무영.

**무영**　　(당황) !!

**선호**　　(당황) !! 무, 무영 씨….

얼어붙은 듯 자리에 굳어 있는 두 사람.

그런데, 무영의 눈이 빠르게 선호의 몸을 스캔한다.

선호의 자잘한 잔근육들이 무영의 눈에 들어온다.


**무영(NA)**    … 좋다.


선호의 자잘한 복근이 무영의 눈에 들어온다.

무영의 눈에는 선호가 포즈를 잡고 머리를 쓸어 넘기는

듯한 모습이 슬로모션으로 보인다.


**무영(NA)**    … 작가님 몸이….



## S#4.    선호 집 - 복도 / (N)

다시 무표정으로 돌아온 무영.

당황하며 수건을 쫙 펼쳐 가슴팍을 가리는 선호.

(아까의 아름다운 남자는 없고 대형견 한 마리가 부끄러워하고 있
다.)


**선호**    무영 씨!

**무영**    그게… 혼자 일 다 하시기 힘드실 것 같아서 도와

드리려고….

(급단호) 물론, 오늘 야근한 만큼 내일 늦게 출근할 겁니다.

딱 두 시간만이요!

**선호**     아… 아! 감사해요 무영 씨!!! 정말 감사해요!


무영이 시선을 돌리며 작업실로 들어간다.
무영이 작업실로 향하자 후다닥 자신의 방으로 뛰어 들어가는 선호.
그때, 고개를 살짝 돌려 선호의 뒷모습을 바라보는 무영.
무영의 두 뺨이 붉게 물들어 있다.



## S#5.     선호 집 – 작업실 / (N, 새벽)


각자의 자리에 앉아 그림을 그리고 있는 선호와 무영.
벽시계가 12시를 가리키고 있다.


**선호**     보냈다아!! 휴, 일단 한숨 돌렸네.

무영 씨, 고생했어요. 급한 불은 껐으니 저희 잠깐 쉬어요.

굳은 몸을 풀던 무영, 문득 추운 듯 양손으로 팔을 문지른다.

**무영**    (선호 바라보며) 그런데 작가님, 조금 쌀쌀하지 않으세요?

기지개를 켜고 있던 선호가 문득 무영을 바라보며,

**선호**    새벽이라 그런가?

**무영**    (일어서며) 보일러 좀 올려도 될까요?

**선호**    아, 보일러 고장 났는데…. 고친다는 걸 깜빡해서요….

멋쩍은 표정을 짓는 선호, 당황하는 무영.

**무영**    그럼 히터라도 틀까요?

**선호**    (머리 긁적이며) 히터가 있긴 있을 텐데….

자리에서 일어나는 선호, 창고로 가더니 그 안을 뒤적인다.
끝내 히터를 찾아 꺼내 오는 선호.

**선호**    있었는데요….

선호가 손으로 먼지를 툭툭 털어낸다.
그러고는 히터의 코드를 꽂는다.
전원 버튼을 눌러보지만 켜지지 않는 히터.

**선호**    … 없어졌습니다.

**무영**    ….

**선호**    (잠깐 고민하다가) 혹시 제 옷이라도 드릴까요?

**무영**    아닙니다.

**선호**    그… 그럼 이불이라도.

**무영**    아닙니다.

**선호**    그럼 술 한잔할래요? 몸이 좀 따뜻해질 것 같은
           데….

**무영**    그러시죠.

# S#5-1.    선호 집 – 부엌 / (N, 새벽)

식탁 위에는 보드카 한 병과 물컵 두 개, 카나페가 놓인 접시가 있다.

**선호**    (감탄하며 물개 박수를 친다) 와, 무영 씨 이런 것도 만들 줄 알아요?!

컵에 보드카를 따라서 선호에게 건네주는 무영.
선호가 컵을 받아 쭉 들이켠다.

**선호**    (원 샷 하곤) 와! 확실히 몸이 따뜻해지는 것 같아요!

자신의 컵에도 보드카를 따라서 한 모금 마시는 무영.
선호가 다 마신 빈 컵을 다시 무영에게 들이민다.

**선호**    (무영에게) 한 잔 더 주세요!

**무영**    (따라 주며) 너무 많이 드시면 작업 못 하실 텐데요.

**선호**    (헤헤 웃으며) 음, 그럼 오늘은 이만 쉴까요?
급한 건 방금 넘겼으니까.

**무영**    ….

**선호**   무영 씨 들어오시고 우리끼리 회식 한 번 못 했는
데….
이렇게라도 한잔해야죠.

**무영**   뭐, 오늘 열심히 달렸으니 작가님 마음대로 하세요.

**선호**   근데 무영 씨는 왜 어시 하시는 거예요?
무영 씨 실력이면 바로 데뷔하셔도 될 텐데….

**무영**   학창 시절에는 만화가가 되고 싶은 적도 있었어요.
하지만 캐릭터가 움직인다든지, 다음 장면이 어떻
게 된다든지 상상하는 게 꽤 어려워서요.
제가 그림을 그리게 된 건 그냥… (선호를 지그시
바라보며) 좋아했던 사람이 그림을 그리는 것을 보
고 따라 하다 시작했던 거예요.

다시금 보드카를 홀짝이는 무영.
선호도 헤헤거리며 보드카를 마신다.
무표정이지만 무영은 사실 지금 기분이 좋다.

**선호**   아, 무영 씨 여자 친구는 없으세요?

**무영**   (대수롭지 않게) 없어요.
(은근 기대하는 시선으로) 작가님은요?

**선호**    (울분) 저는 3년째 솔로랍니다!

**무영**    아 네….

은근히 한쪽 입꼬리를 올리며 웃는 무영.

**무영(NA)**    역시 민영 PD와 사귀는 사이는 아니었군.
썸인지 아닌지는 아직 확실치 않지만….

**선호**    (회상에 잠기듯) 3년 전 그 친구는 제 첫사랑이었는
데요.
저한테 바라는 게 많더라고요. 넌 왜 만화를 하냐,
넌 왜 차가 없냐….
(한숨 쉬며) 다 제가 못난 탓이죠.
돈도 없지, 집도 없지, 차도 없지, 비전도 없지.

**무영 (NA)**    바보 같은 사람이었네요.

**선호**    무영 씨는 왜 여친 안 만드세요?

**무영**    (대수롭지 않게) 귀찮아요.
관계를 지속하기 위해 에너지를 써야 하는 게 별
로입니다.

**선호**    하긴, 그런 부분도 있죠.
그래도 받는 에너지가 더 많지 않나요?

저는 그냥 함께할 때의 그 따뜻한 느낌이 좋은 것
같아요.

**무영**　　(선호를 빤히 바라보는) ….

**무영(NA)**　나 같았으면 꽉 잡고 안 놓아줬을 텐데….
(자조적인 미소 지으며) 잠깐, 무슨 생각 하는 거야?
주제를 알아야지, 고무영.

**선호**　　이 술도 따듯하네요.

무영이 보드카를 쭉 들이켠다.
선호가 다시 잔을 따라 주는데 무영은 그 모습이 마냥 귀
엽다.


## S#5-2.  선호 집 - 부엌 / (N, 새벽)

거의 다 비어가는 보드카.
선호와 무영의 얼굴이 술에 취해 붉게 상기되어 있다.


**선호**　　무영 씨, 저 부탁이 있어요.

**무영**　　(딱 잘라) 거절하겠습니다.

선호     그러지 말고…!

무영     부탁하지 마세요!

선호     한 번만 들어주세요. 네? 네?

무영     (팔짱 끼고 한숨 쉬며) 후… 도대체 뭔데요?
        (단호) 계약 조건 변경하시는 건 안 됩니다.

선호     (망설이는) … 무영 씨를 (시선 돌리며) 그려보고 싶
        어요.
        (작게) … 정확히는 무영 씨의 벗은 상반신을.

무영     (놀라는) 네?!

선호     (사람 좋게 웃으며) 어어~ 이상하게 생각하진 마세
        요. 그림쟁이라서 그래요.
        실제 사람으로 크로키 할 기회가 별로 없거든요.
        연재 시작하기 전에는 누드 크로키 모임도 나가고
        그랬었는데….

무영     (단호) 싫습니다. 남에게 알몸 보이는 거 딱 질색
        이에요.

선호     (두 손 모아) 한 번만요~! 완전 알몸 아니고 상반신
        만인데요?
        그리고 아까 제 몸도 다 보셨잖아요~!

| 무영 | 그건 제가 원해서 본 게 아닙니다. |
|------|------|
| 선호 | (무영의 팔을 붙잡으며) 그래도 공평하게 무영 씨도 보여주세요~. |
| 무영 | (당황) 작가님 취하셨어요? |
| 선호 | (헤헤 눈웃음 흘리며) 네~. 취했어요~. 그러니까 들어주세요~. |
| 무영 | 싫습니다! |
| 선호 | 해주세요. 네? |

한숨을 내쉬는 무영.
그리고 그를 바라보는 선호는 마치 순한 대형견 같다.


## S#6.    선호 집 – 작업실 / (N, 새벽)

자신의 자리에 바지만 입은 채로 앉아 있는 무영.
부끄러운 듯 손으로 이마를 짚으며 시선을 가리고 있다.


| 무영(NA) | 어쩌다… 이렇게 된 거지?! 고무영, 너 왜 거절을 못 한 거야…! |
|------|------|

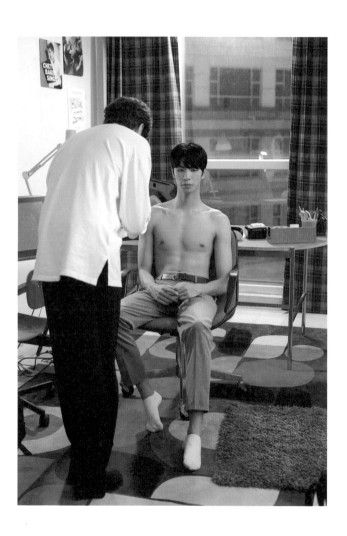

지그시 눈을 감는 무영.

눈을 번쩍 뜨며 선호를 바라보고는, 다리를 꼬며 자세를 취한다.

**무영**    딱 한 포즈만 취할 거예요. 1분이고요. 그러니까 빨리 그리세요.

**선호**    (그림 그릴 준비하며) 네~.

선호가 크로키를 하기 시작한다. 선호를 흘깃 바라보는 무영.

열심히 크로키 하는 선호의 열정적인 모습이 보인다.

그를 보고 반한 무영의 눈빛, 그런 무영을 진지하게 그리는 선호.

한참 동안 이리저리 움직이며 빠르게 그림을 그린다.

뻘쭘해진 무영.

**무영**    언제까지 그리시려고요. 1분 다 돼가요.

**선호**    몇 장만 더 그릴게요. 여러 각도에서 그리고 싶어서요.

뚫어져라 무영을 바라보는 선호.

**무영(NA)**   작가님이 뚫어져라 보시니까 기분이 좀….

무영의 두 뺨이 붉게 상기된다.

**무영**   너무 열심히 하시는 거 아니에요?
(투덜거리듯 다른 곳을 보며) 남자 몸 보고 그리는 게
뭐 재미있다고.

**선호**   (그림 그리며) 무영 씨는 잘 모르시겠지만… 무영
씨 표정이 재밌어요.
세상 무심한 듯하지만, 애착이 넘치는 듯하고….
(자신도 모르게) … 섹시해요.

**선호(NA)**   순수한 호기심이었다. 단지 아름다운 피사체에 대
한 동경.
그리고 그런 피사체를 그려보고 싶다는 예술적 호
기심.
단지 그뿐이라고 생각했는데….

**무영**   (당황) 섹시하다고요?!

**선호**   (홀린 듯 무영에게 다가가며) 네, 얼굴이나 몸선도 아
름답지만….
지금 같은 표정일 때, (꼬시듯) 섹시해요.

그림 그리던 손을 멈추는 선호, 자신도 모르게 서서히 무
영에게 다가간다.

무영도 몸을 선호 쪽으로 가깝게 기울이기 시작한다.

점점 가까워지기 시작하는 두 사람.

두 사람의 붉은 얼굴이 가까워지더니, 취기 어린 눈빛의
두 사람의 입술이 맞닿는다.

**무영(NA)**    누가 먼저였는지… 갑자기 왜 이렇게 된 건지… 모
르겠다.

처음부터 이럴 생각은 없었다. 참으려고 했었는
데….

눈을 감으며 선호의 입술을 받아들이는 무영.

그때 눈을 살짝 뜨자 책상 위에 있는 민영의 파우치가 보
인다.

눈이 가늘어지는 무영, 하지만 곧 눈이 감긴다.

## S#7.    선호 집 – 침대 / (M)

햇살이 비치는 창문,

침대에 널브러져 잠들어 있는 선호.

눈을 서서히 뜨더니 기지개를 쫙 편다.

**선호**    으아아~ 머리가 엄청 울리네. 어제 너무 마셨나 봐.
        아~ 목말라.

자리에서 일어나 머리맡에 있는 생수통 뚜껑을 열어 벌컥
벌컥 물을 마시는 선호.

**선호**    무영 씨는 몇 시에 간 거지?


## S#8-1.   선호 집 – 작업실 / (M)

생수통을 들고 책상으로 걸어오는 선호.
바닥에 그림을 그린 종이가 떨어져 있다.

**선호**    뭐야, 웬 종이가….

계속 물을 마시며 대수롭지 않게 종이를 집어 드는 선호.
상반신을 탈의한 바지 차림의 무영이 그려진 그림을 보고
는 생수통을 떨어뜨리는데, 그 모습이 슬로모션으로 보
인다.

**선호**        (너무 놀라) 이게 뭐야!


## S#8-2. (회상) 선호 집 - 작업실 / (N, 새벽)

그림 그리던 손을 멈추는 선호, 자신도 모르게 서서히 무
영에게 다가간다.
무영도 몸을 선호 쪽으로 가깝게 기울이기 시작한다.
점점 가까워지기 시작하는 두 사람.
두 사람의 붉은 얼굴이 가까워지더니, 취기 어린 눈빛의
두 사람의 입술이 맞닿는다.
그리고 서로를 끌어안기 시작한다.


## S#8-3. 선호 집 - 작업실 / (M)

충격받은 표정의 선호.

**선호(NA)**    나, 무슨 짓을 한 거야?!

두 손으로 머리를 감싸 쥐며 그 자리에 그대로 털썩 주저
앉는 선호.

**선호**          아아악!!!

머리를 붙잡고 몸을 숙이는 선호.

**선호(NA)**     어쩌지? 분명 내가 먼저 들이댔어!

벽에다 머리를 쿵쿵 박아대는 선호.

**선호(NA)**     (쿵, 머리 박으며) 죽어라!
             (또 쿵, 머리 박으며) 죽어!

그러다 멈칫하는 선호.

**선호(NA)**     잠깐!

심각한 표정으로 변하는 선호.

**선호(NA)**     나… 남자도 좋아하나? 한 번도 그런 생각해본 적
             없는데….

선호는 사뭇 진지한 표정으로 카메라를 바라보며 전날의
대사를 읊조린다.

**선호**      (자신도 모르게) … 섹시해요.

선호의 한마디가 마치 산울림처럼 울려 퍼지고 카메라는
선호에게 dolly zoom.
굳어버리는 선호.


**선호**      (자기도 모르게 혼잣말) 미친, 진짜야? 나 정말 그렇
게 말한 거야?
(자기 입 잡으며) 이 입을 찢어버리고 싶다….

고개를 푹 숙이는 선호.


**선호(NA)**   무영 씨 얼굴을 어떻게 보지…?!

벌떡 일어나 이리저리 왔다 갔다 하며 안절부절못하는 선
호, 그러다 휴대폰을 집어 든다.
망설이다가 '어시님'이라 적힌 번호의 통화 버튼을 누른다.
'뚜르르 뚜르르' 신호가 가자 긴장한 얼굴로 꿀꺽 침을 삼
키는 선호.

# S#9.     무영 집 - 거실 / (M)

가운을 입은 채 거실 소파에 앉아 모닝커피를 마시고 있
는 무영.

**무영**     작가님과 키스를….

**무영(NA)**  그런데 기분이… 더럽다….
            그 이유는….

그때, 무영의 손에 있는 휴대폰의 진동이 울린다.
휴대폰 화면에 '신선호 작가님' 이름이 뜬다.
빤히 그 이름을 바라보고 있는 무영.

*Episode.4*

키스해놓고 아무 일 없다는 듯
행동한다고?!

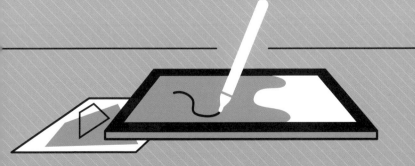

## S#1.   무영 집 - 거실 / (M)

가운을 입은 채 거실 소파에 앉아 모닝커피를 마시고 있는 무영.

**무영(NA)**   작가님은 어제 그 일이 있고 난 뒤 바로 잠들어버렸고….
민영 PD의 파우치를 확인하고 갑자기 정신이 번쩍 들었다.
분명 내가 가기 전 민영 PD가 거기 있었다.
그리고 작가님이 샤워를 하셨고, 난 키스를 했어.
그런데 그 키스가 너무 달콤했다.
난 도망치듯 그 자리에서 나올 수밖에 없었다.
기분이 계속 더럽다.

손에는 휴대폰이 들려 있고, 진동이 울리고 있다.
휴대폰 화면에 '신선호 작가님' 이름이 떠 있다.
빤히 그 이름을 바라보고 있는 무영.

오! 나의 어시님

망설이다가 통화 버튼을 누른다.


# S#2.    선호 집 – 작업실 / (M)

휴대폰을 꼭 쥐고 귀를 대고 있는 선호.
그때, 통화가 연결되며 무영의 목소리가 들려온다.


**무영(E)**    여보세요.


털썩 무릎을 꿇고 앉으며 전화를 받는 선호.


**선호**    (휴대폰에 대고) 무, 무영 씨!

**무영(E)**    작가님, 제가 오늘은 몸이 안 좋아서 쉴까 하는데
요. 괜찮을까요?

**선호**    아, 네네! 괜찮습니다!
(머리 쓸어 넘기며) 그보다⋯ 어제 일 말인데요.

**무영(E)**    아, 신경 쓰지 마세요. 둘 다 취해서 실수한 거니까.

**선호(NA)**    실수⋯인 건 맞지만 제대로 사과하고 싶은데⋯.

**선호**    (휴대폰에 대고) 네. 어제는 제가⋯ 그러니까⋯.

**무영(E)**     그 이야긴 더 이상 꺼내지 말죠. 그럼 이만.


## S#3.     무영 집 - 거실 / (M)

무영이 전화를 뚝 끊어버린다.


## S#4-1.     (회상) 선호 집 - 작업실 / (N, 새벽)

무영의 내레이션이 장면으로 그려진다.
입맞춤 후 스르륵 눈이 감기며 잠들어버리는 선호의 모습.

**무영(NA)**     작가님은 어제 그 일이 있고 난 뒤 바로 잠들어버
렸고….


## S#4-2.     (회상) 선호 집 - 침대 / (N, 새벽)

잠든 선호를 낑낑대며 매트리스로 옮기는 무영의 모습.

**무영(NA)**     나는 작가님을 매트리스 위에 겨우 눕혀 놓고,

## S#4-3. (회상) 선호 집 - 침대 / (N, 새벽)

잠든 선호의 얼굴을 수줍은 표정으로 빤히 바라보는 무영.

**무영(NA)**  잠든 얼굴을 좀 바라보다가….


## S#4-4. (회상) 선호 집 - 작업실 / (N, 새벽)

무영이 민영의 파우치를 발견한다.
파우치 위로 삐죽 튀어나온 립스틱.
민영의 이니셜 MY가 선명하게 보인다.

**무영(NA)**  민영 PD의 파우치를 확인하고


## S#4-5. (회상) 선호 집 - 작업실 / (N, 새벽)

번쩍 정신이 드는 무영의 모습.

**무영(NA)**  갑자기 정신이 번쩍 들었다.

## S#4-6. (과거) 선호 집 - 작업실 / (N)

민영이 선호의 집에서 나가다 파우치를 놓고 가는 모습.

**무영**(NA)   작가님은 민영 PD와 함께 있다가


## S#4-7. (회상) 선호 집 - 복도 / (N)

선호가 샤워를 마치고 나오는 모습.

**무영**(NA)   샤워를 하셨고,


## S#4-8. (회상) 선호 집 - 작업실 / (N, 새벽)

무영과 키스를 하는 선호.

**무영**(NA)   나와 키스를 했어.

## S#4-9. (회상) 무영 집 - 현관 / (N, 새벽)

집 현관문을 열고 안으로 들어오는 무영의 모습.

**무영(NA)** 술도 깼겠다. 그 길로 집에 와버렸는데….


## S#5. 무영 집 - 거실 / (M)

두 손으로 머리를 쓸어 올리는 무영.

**무영(NA)** 기분이 계속 더럽다.

한숨을 내쉬는 무영, 통화가 끊어진 휴대폰을 바라본다.

**무영** 작가님한테는 민영 PD가 있으니까….

무릎에 머리를 파묻는 무영.

**무영** 하아… 괴롭다….

## S#6-1.   선호 집 - 작업실 / (M)

뚝 끊긴 휴대폰을 바라보는 선호.

**선호**   (휴대폰에 대고) 여보세요?! 무영 씨?!

당황하는 선호, 휴대폰을 바닥에 내려놓는다.

**선호**   (혼잣말) 뭐가 이렇게… 쿨하냐?!
내가 구식인 건가?! 무영 씨는 이 일이 아무렇지
않은 거야?
나만 똥 마려운 강아지마냥 안절부절못한 거야?

바닥에 털썩 드러눕는 선호, 슬며시 미소가 올라온다.

**선호**   그래도… 무영 씨가 기분 나쁘지 않았다면 다행
이다.
무영 씨를 못 보게 될까 봐 걱정….

머리를 두 손으로 부여잡으며 벌떡 일어나는 선호.

**선호**   (급히 아닌 척) 아, 아니. 어시 일을 그만둘까 봐 걱
정했다고!

아… 내가 무슨 말을 하는 거야.

얼굴이 붉어지는 선호, 자신의 입술을 손가락으로 쓸어
본다.

선호(NA)　　이렇게 생생하게 감촉이 떠오르는데….
　　　　　　아무 일도 없었다는 듯 같이 일할 수 있을까?

무영(V.O)　　작가님~?


## S#6-2. 선호 집 - 작업실, 부엌 / (D)

며칠 뒤, 자리에 앉아 멍 때리고 있는 선호.
그런 선호의 어깨를 쿡 찌르는 무영.

무영　　　　작가님!

정신을 번뜩 차리는 선호.

선호　　　　(화들짝 놀라며) 예?!

무영　　　　러프 잡은 거 보시라고요. 이대로 진행해도 되겠습니까?

**선호**      (얼떨결에) 아, 예!

**무영**      (자신의 자리로 돌아가며) 점심은 김치찌개 어떠세요?

**선호**      좋죠, 김치찌개! 라… 라면에 김치 넣어서??

**무영**      … 오늘은 제가 해드리죠.

선호, 주방에서 요리하는 무영을 빤히 바라본다.
이후 무영이 끓인 김치찌개를 함께 맛있게 먹는다.

**선호(NA)**    그 일이 있고 나서 벌써 며칠이 지났다.
나는 여전히 잔뜩 긴장해 있는데….
나와는 다르게 무영 씨는 정말로 아무렇지 않아
보인다.

고개를 갸웃거리는 선호.

**선호(NA)**    그 모든 일이 실은 '내 꿈이었나? 착각이었나?' 싶
을 정도로….

## S#7.    선호 집 – 현관, 건물 복도 / (N)

현관문이 열리고, 무영이 밖으로 나온다.

**무영**    그럼, 퇴근하겠습니다.

**선호**    (따라 나오며) 저기 무영 씨! 저녁 같이 먹고 가실 래요? 치킨 시켜서….

**무영**    (단호) 아뇨, 선약 있습니다.

**선호**    (머쓱) 아, 네…. 그럼, 들어가세요.

선호가 문을 닫는다.
닫힌 문을 돌아보는 무영.

**무영(NA)**    아무렇지 않을 리 없다.
이렇게 하지 않으면 내 마음을 주체하지 못할 것 같아서….

**무영**    아무렇지 않은 척할 수밖에 없잖아….

계단을 걸어 내려오는 무영.
휴대폰을 꺼내 누군가에게 전화를 건다.

오! 나의 어시님

## S#8.   거리 / (N)

나란히 걷고 있는 준석과 윤아.

윤아의 표정이 뽀로통하다.

**무영(NA)**   어디야? 지금 나올 수 있어?

**준석**   응! 알았어.

**무영(NA)**   JJ에서 만나자.

**준석**   지금 거기로 갈게.

**윤아**   (준석 째려보며) 진짜 정상이 아냐!

**준석**   미안하다고 했잖아.

**윤아**   왜 나랑 같이 있다고 말을 못 해? 나중에 보자고
했어야지!

**준석**   무영이가 나한테 먼저 연락한 거 보면 분명 무슨
일 있는 거야.
우리는 맨날 보잖아.

**윤아**   맨날이라니! 우리도 일주일 만에 보는 거야!
오늘 결혼반지 보러 가기로 한 건 어떡하라고?!

**준석**       (다정한 척) 다음에 볼 때 선물이랑 같이 올게~.

**윤아**       또 이런 식으로 넘어갈 거야? 지친다 지쳐.
           누가 보면 개랑 사귀는 줄 알겠네.

**준석**       (냉랭) 농담은 정도껏 하자? 응?
           어차피 결혼하면 매일매일 서로 보고 있을 거 아냐.

**윤아**       (말문 막힌) 하아….

**준석**       나 간다.

**윤아**       (씩씩대며) 약혼녀 버리고 딴 남자한테 달려가는
           이 상황, 진짜 이상해.

**준석**       (싸늘) 적당히 해.

부들부들하는 윤아, 휙 돌아선다.


## S#9-1.  JJ바 / (N)

바 자리에 나란히 앉아 술을 마시고 있는 준석과 무영.

**준석**       너 무슨 일 있지? 먼저 전화를 다 하고….

**무영**   (술 홀짝이며) 아니, 별일 없는데? 그냥 약속을 만들고 싶었을 뿐이야.

**준석**   약속을? 왜?

**무영**   그냥.

무영을 빤히 바라보는 준석.

**준석**   (무영의 고민을 다 알고 있다는 듯) 그 작가 선생이랑은 별일 없고?

**무영**   (움찔) 야, 준석아. 너는 진짜 이성애자지?

**준석**   (뜬금) 뭔 소리야?

**무영**   너 혹시 술 먹고 남자랑 스킨십해본 적 있어?

**준석**   (목소리 커지며) 미쳤어?!

자신만의 생각에 빠져 있는 무영.

**무영**   (심취) 뭐, 바이라면 가능할까?

**준석**   바이? 양성애자 말하는 거냐? 누가?

**무영**   ….

**준석**      혹시 작가 선생이랑 사고라도 쳤냐?

심란한 표정의 무영.

**준석**      (놀라서) 진짜야?

**무영**      (뜨끔해서) 아니, 심각한 건 아니고!
(술잔을 만지작거리며) 그냥….
(양 볼이 붉어지며) 취해서… 가벼운 터치….

그런 무영을 심각하게 바라보는 준석, 술을 홀짝인다.

**준석**      … 가벼운 줄 알고 맞장구 좀 쳐줬더니, 진지한가
보네.
괜히 복잡한 일 만들지 마. 이성애자랑 얽혀서 좋
을 거 없었잖아.

술을 들이켜는 무영.

**무영**(NA)      준석이는 내가 가능성 없는 상대에게 마음 줘서
상처받았던 일들을 다 알고 있다.

## S#9-2. (회상 - 과거) 미술 학원 – 학원 앞 골목 / (D)

수줍은 표정으로 서 있는 무영.
맞은편에 선 남학생은 그런 무영을 경멸스럽게 바라본다.

**남학생**    나를 좋아한다고?

**무영**    으, 응. 친구 이상으로.

**남학생**    그럼… 키스하고 싶었던 적도 있어?

**무영**    ….

**남학생**    야… 솔직히 좀… 징그럽다.
너, 어디 가서 나 좋아한다고 말하고 다니지 마.
아는 척하지도 말고.

무영을 밀쳐내고 멀리 걸어가는 남학생.
무영의 눈에서 눈물이 솟아나 툭, 투둑 떨어진다.

## S#9-3. JJ 바 / (N)

자조적인 미소를 짓는 무영.

**무영(NA)**   또다시 내가 어리석은 실수를 할까 봐 걱정하는
거겠지.

**준석**   (놀리듯 무영을 따라서) 내가 사랑하고 나를 사랑하
는 사람을 찾을 수는 있을까?

**무영**   (뜨끔) 야! 그게 언제 적 개소리야.

**준석**   (피식 웃으며) 네가 고딩 때 직접 네 입으로 한 소
리야. 기억 안 나?

**무영**   기억 안 나!

잔에 술을 따르는 무영.

**무영(NA)**   사랑이라는 거, 어릴 때는 그렇게도 찾아 헤맸는
데….

준석도 자신의 잔에 술을 따른다.

**무영(NA)**   사랑은 별거지.

**준석**   적당한 시기에 적당한 사람과 적당히 결혼하면 되
지.

**무영(NA)**   이젠 믿지 않지만.

**무영**     그래, 적당히 즐기는 게 좋지.

짠, 잔을 부딪친 후 술을 들이켜는 준석과 무영.


## S#10-1. 선호 집 – 작업실 / (N)

자신의 자리에 앉아 치킨을 먹으며 모니터를 바라보고 있
는 선호.
모니터에 두 남자가 키스하는 모습이 나오고 있다.
빤히 모니터를 보다가 스페이스 바를 눌러 영화를 정지시
키는 선호.

**선호(NA)**     난생처음 본 건데… 생각보다… 충격적이진 않네.

의자에 몸을 기대는 선호.

**선호(NA)**     사실 내가 충격적인 부분은 다른 부분에 있다. 영
상을 보면서….

얼굴이 붉어지는 선호.

**선호(NA)**   무영 씨를 떠올렸다는 것.

그때, 선호의 심장이 쿵쾅대기 시작한다.
자신의 손을 심장 쪽으로 가져다 대는 선호, 멍한 표정이다.

**선호**   나 뭐야? 왜 또 이래?

**선호(NA)**   또 심장이 쿵쾅거린다. 솔직히 무영 씨를 떠올릴
때마다 그렇다.
얼마 전에 있었던 일 때문일까?


## S#10-2. (상상) 선호 집 - 작업실 / (N)

무영과 선호가 얼굴을 서로 가까이 가져가고 있고, 키스
하기 전 사랑한다는 말을 나누고 있는 모습이 보인다.
이 모든 것은 선호의 상상인 것.


## S#10-3. 선호 집 - 작업실 / (N)

정신을 차리려는 듯 고개를 가로젓는 선호.

**선호(NA)**    아냐, 그 전부터 그랬어.

곰곰이 생각에 빠지는 선호.

**선호**    그렇다면… 내가 정말 무영 씨를 좋아하는 걸까?

## S#10-4. (회상) 선호 집 – 작업실 / (D)

무영이 환하게 웃는 모습.

**선호(NA)**    사실 곰곰이 생각해보면, 무영 씨를 웃게 해주고 싶고….

## S#10-5. (회상) 선호 집 – 부엌 / (D)

무영과 마주 앉아 함께 밥을 먹는 선호의 모습.

**선호(NA)**    같이 있고 싶고….

## S#10-6. (회상) 선호 집 - 침대 / (D)

선호가 무영을 우연히 백허그 하는 모습.

**선호(NA)**  만지고 싶고….


## S#10-7. (회상) 선호 집 - 작업실 / (N, 새벽)

무영의 벗은 몸을 보고 긴장하는 선호(드로잉 중).

**선호(NA)**  … 보고 싶다.


## S#10-8. 선호 집 - 작업실 / (N)

풀이 죽어 책상에 엎드려 있다가 벌떡 일어나는 선호.

**선호**  아… 좋아하는 거 맞구나….

맥주를 들이켜는 선호.

**선호(NA)**　　기분이 이상하다. 남자를 좋아해본 건 처음이라….

본인이 양손에 잡고 있는 닭다리(양념치킨 하나 프라이드치킨 하나)를 보고 있는 선호.

**선호(NA)**　　생각해보면, 원래도 그렇게 거부감이 있진 않았다.

## S#11-1.　(회상 – 과거) 미술 학원 / (D)

고등학교 시절, 미술 학원에서 만화를 보고 있는 친구들.
남자끼리 키스하는 장면이 그려져 있다.
묵묵히 자신의 그림을 완성해가는 선호.

**친구 1**　　선호야, 이거 봐봐. 대박이지 않냐? 남자끼리 어떻게 사귀어? 말이 됨?!

**친구 2**　　그러니까, 난 못 사귈 듯.

**선호**　　(그림을 그리다 힐끗 보며) 그런가? 서로 좋아하면 별문제 없지 않아?

**친구 1**　　야, 나랑 같은 거 달린 사람을 어떻게 좋아해?

**친구 2**    맞아, 그게 정상이냐?

**선호**    몰랑~. 나랑은 상관없는 일이라~.


## S#11-2.  (회상 - 과거) 미술 학원 / (D)

미술 학원 안의 선호와 친구들.

**친구 1**    선호야, 넌 뭐 먹을 거야?

**선호**    글쎄~. 짜장? 짬뽕? 으~ 뭐 먹지?

**친구 2**    더 좋아하는 거로 해~.

**선호**    으으~ 둘 다 좋은데?

**친구 1**    그럼 짬짜면 하든가~.


## S#11-3.  (회상 - 과거) 미술 학원 / (D)

짬짜면이 테이블에 놓이는 모습.

**선호(NA)**    예전부터 항상 난 짬짜면을 먹었고, 강아지도 좋고 고양이도 좋고….


## S#11-나. (회상 - 과거) 미술 학원 / (D)

교복 차림으로 소프트아이스크림을 사 먹는 선호의 모습.
초콜릿 맛과 바닐라 맛이 반반씩 들어 있는 아이스크림이
보인다.

**선호(NA)**  라떼도 좋고 아메리카노도 좋고….
아이스크림도 바닐라 반 초코 반.


## S#12-1. 선호 집 - 작업실 / (N)

손을 바라보는 선호, 프라이드치킨 하나 양념치킨 하나를
양손에 들고 있다.

**선호(NA)**  말할 것도 없이 후라이드 반 양념 반….

한숨을 내쉬며 고개를 숙이는 선호.

**선호**    (혼잣말) … 이젠 남자도 되는 건가… 남녀 반반….

고개를 휙 드는 선호, 손에 든 닭다리를 보고 있다.

**선호**    (문득) 무영 씨가 이 사실을 알면 뭐라고 할까?

선호가 무언가 결심한 얼굴로 카메라를 향해 말한다.

**선호**    조… 좋아합니다!?


## S#12-2. (상상) 선호 집 - 작업실 / (N)

Ins
두 팔을 엑스 자로 모아 가슴팍을 가리는 모습.

**무영**    죄송합니다. 저는 남자는 무리입니다.

Ins
선호의 뺨을 쫙 때리는 무영.

**선호**    좋아합니다!

**무영**     저를 그런 눈으로 보셨다니… 불쾌하군요.

**선호**     좋아합니다!

**무영**     더 이상 같이 일 못 하겠습니다.


Ins

그리던 그림을 쫙쫙 찢는 무영.


**선호**     좋아합니다!

**무영**     짐승!


Ins

현관문을 나서는 무영의 모습.

현관문이 쾅 닫힌다.


## S#12-3. 선호 집 - 작업실 / (N)

머리를 손으로 헤집으며 벌떡 일어나는 선호.


**선호**     무슨 상상을 해도 다 관둔다는 결말이잖아!

멈칫하는 선호.

**선호**       하지만, 그날 분명 무영 씨도….


## S#12-4. (회상) 선호 집 - 작업실 / (N, 새벽)

점점 가까워지기 시작하는 두 사람.
두 사람의 붉은 얼굴이 가까워지더니, 취기 어린 눈빛의
두 사람의 입술이 맞닿는다.
그리고 천천히 눈을 감는 무영의 얼굴로 zoom in.


## S#12-5. 선호 집 - 작업실 / (N)

**선호**       (혼잣말) 어쩌면… 승산이 있을지도 몰라….

주먹을 불끈 쥐는 선호, 이어 고개를 갸웃거린다.

**선호**       근데, 뭐로 꼬셔야 하지? 얼굴? 말발? 능력?

한숨을 내쉬는 선호.

**선호**      하⋯ 가진 것이라고는 몸뚱이뿐이구나⋯.


자신의 몸을 내려다보는 선호.

혼자 멋진 자세를 취해보다가 민망해한다.


**선호**      몸으로 확 꼬셔버려?

아잇, 내가 지금 무슨 생각을.


## S#13.   엘리베이터 / (M)


박력 있게 무영의 양옆 벽을 팔로 팍 짚는 선호.

무영의 표정은 무표정이고 선호의 표정은 아련하다.

고개를 휙 돌리는 선호, 뭔가 당황한 표정이다.

(full shot) 엘리베이터 안, 사람이 꽉 차 있다.

밀착되어 서 있는 선호와 무영, 가슴팍이 서로 닿아 있다.


**선호(NA)**   이⋯ 이렇게 꼬시려 한 건 아니라고!!

왜 자꾸 반응하는 거야!

*Episode.5*

# 찐친에게 키스하기까지
## 걸린 시간

## S#1.    엘리베이터 안 / (M)

(full shot) 엘리베이터 안, 사람이 꽉 차 있다.

밀착되어 서 있는 선호와 무영.

가슴팍이 서로 닿아 있다.


**선호(NA)**    정신 차려! 이렇게 몸으로 꼬시려 한 건 아니잖
아!!

아이 잠깐만. 얘가 왜 또!

**선호**    죄송합니다, 죄송합니다.


그때, 쿵쾅거리는 선호의 심장과 텐트를 세우는 그곳.

자신의 몸 상태를 느낀 선호가 몸을 움츠린다.

엉덩이를 점점 뒤로 빼는 선호.


**선호(NA)**    젠장! 너네 쌍으로 왜 그래!

왜 한 놈은 마음을 흔들고 한 놈은 중심을 흔드…

뜨아.

그때, 엘리베이터가 도착하고, 휙 뒤도는 선호.

**선호**       다 왔습니다! 내리시죠!

**선호(NA)**   동해 물과 백두산이 마르고 닳도록 하느님…!


## S#2.    거리 / (M)

꽃이 핀 거리를 나란히 걸어가는 선호와 무영.


**선호**       자료 사진 찍을 시간을 잘못 잡았나 봐요.
            금요일이라 그런지 사람이 엄청 많네요.

**무영**       그러게요.

**선호**       다음엔 좀 한가한 시간에 나와야겠어요.

**무영**       그러시죠.

**선호**       저기로 한번 가볼까요?

## S#3.   거리 / (M)

터벅터벅 걸어가는 무영과 선호.

그때, 교복 입은 남학생 둘이 장난을 치며 사이좋게 걸어

간다.

두 남학생을 바라보는 선호와 무영.


**선호**   (문득) 저 무영 씨… 뭐 하나 여쭤봐도 돼요?

**무영**   네?

**선호**   무영 씨는 어떻게 생각하세요? 남자가 남자랑 연
애하는 거요….

**무영**   (흠칫) 네?!
(대수롭지 않게) 글쎄요? 별생각 없는데요?

**선호**   (살짝 긴장한) 아. 그, 그럼… 가, 가능하다고 생각
하세요?

**무영**   네, 뭐. 실제로도 그런 사람들 많잖아요.

**선호**   그, 그럼… 그러려니 하신다는 거죠? 막 싫거나
그런 건 아니고?

**무영**   네, 싫을 건 없죠. 저랑은 상관없으니까.

**선호**      아, 네….

**무영**      (선호 바라보며) 그런데 작가님, 왜 자꾸 그런 걸 물
             어보세요?
             (내심 기대하며) 혹시… 좋아하는 남자라도 생기셨
             어요?

**선호**      (자기도 모르게 큰 소리로) 네?!!
             (손사랫짓하며) 그, 그럴 리가요. 아니요. 아니에요~.
             그냥 갑자기, 갑자기 차기작 아이템을 떠올리다
             생각이 나서 물어본 것뿐이에요.

**무영(NA)**   뭐지? 난리치는 걸 보니 더 의심스럽네.
             진짜 좋아하는 남자 생긴 거 아냐?
             그거 혹시… (두근대며) 나?!

**무영**      (빙그레 웃으며 선호 보며) 저한텐 얘기하셔도 괜찮
             습니다.
             그런 편견은 없으니까요.

**무영(NA)**   잠깐. 내가 무슨 생각을….


             얼굴이 슬쩍 붉어지다 고개를 절레절레 작게 흔드는 선호.
             무영은 그런 선호를 바라보는데, 표정이 복잡 미묘하다.

## S#4.   카페 / (D)

마주 앉아 있는 무영과 선호.

테이블 위엔 음료 두 잔이 놓여 있다.


**선호**   (휴대폰을 보며) 무영 씨 덕분에 자료 사진 많이 건
졌어요. 감사해요.

**무영**   아닙니다. 작가님을 도와드리는 게 제 일인 걸요.

**선호**   오늘 외근하느라 힘드셨을 텐데, (무영 보며) 오늘
은 이만 퇴근하시죠.

**무영**   네. 작가님은 안 들어가세요?

**선호**   아, 저는 약속이 있어서요. 여기 좀 더 있다가 가
려고요.

**무영**   약속이요?
(누구랑 있느냐고 물어보려다 얼버무리며) 네. 그럼 저
먼저 일어나겠습니다.

## S#5.    거리 - 카페 앞 / (D)

카페에서 나와 걸어가는 무영.
그때, 카페 안으로 들어가는 민영을 발견한다.
민영은 무영을 보지 못한 상태.


**무영(NA)**    (놀라며) 이민영 PD님?!


무영이 민영을 따라 시선을 옮기는데, 민영이가 무영이
나온 카페 안으로 들어간다.


**무영(NA)**    왜 저기로 들어가지?! 설마… 작가님 약속이…?


무영, 앞으로 가려던 발걸음을 멈춘다.
카페 끝 창가로 다가가는 무영, 창 너머 카페 안을 바라
본다.
카페 안에서 민영이 선호의 테이블로 다가가는 모습이 보
인다.
웃으며 인사하는 선호, 민영이 선호의 맞은편 자리에 앉
는다.


**무영(NA)**    !! 맞잖아! 둘이 무슨 일로…?


오! 나의 어시님

## S#6-1. 카페 / (D)

선호의 앞자리에 앉는 민영.

**선호**  PD님, 많이 피곤해 보이시네요. 일이 많으신가 봐요.

**민영**  어머. 작가님이 빨리 원고 보내주시면 저 안 피곤하죠~.

**선호**  아, 네….

**민영**  어떡하지? 나 작가님 작업실에 빈 방 있으면 들어갈까요?

**선호**  죄송합니다….

**민영**  장난이에요. 아무튼 오늘은 작품 관련해서 상의드릴 게 있어서 뵙자고 했어요.

**선호**  네.

**민영**  작가님! 요즘 원고 많이 좋아졌던데요? 제가 다 설렜다니까요!

**선호**  (멋쩍은) 하핫… 네….

## S#6-2. 카페 / (D)

무영은 멀찍이 앉아 책으로 얼굴을 가리고 앉아 있다.

민영과 선호가 하하 호호 웃으며 다정하게 이야기하고 있다.

그때, 선호의 얼굴이 붉어지는데….

무영이 그 모습을 선글라스를 끼고 바라본다.

**무영(NA)**    작가님 얼굴이 갑자기 빨개지셨네… 무슨 얘기를
하길래?!

그때, 민영이 갑자기 선호의 두 손을 꽉 잡는다.

두 눈이 커지는 무영.

**무영(NA)**    손?! 지금 손 잡은 거야?!!
역시 썸이었던 거야?!

## S#6-3. 카페 / (D)

대화하는 민영과 선호.

**민영**    (수첩 확인하며) 그리고 지난 화에 결박하는 신 나온

거 참신했는데요. 수갑 차는 방법이 틀렸어요!

**선호**　　아, 그랬나요? 대충 차면 되는 줄 알았는데….

**민영**　　(웃으며) 수갑 안 차보셨구나?

**선호(NA)**　보통은 안 차죠….

가방을 여는 민영.
가방 안에 수갑, 끈, 채찍 등 각종 도구가 들어 있다.
선호는 그 모습을 보고 기겁하는데,

**민영**　　그래서 제가 알려드리려고 가져왔어요.

**선호**　　뭐가 그렇게 많아요?

**민영**　　(해맑게) 언제 어떻게 쓰일지 모르니까요! 자자, 집
　　　　　중하세요!

민영이 수갑을 꺼내 채울 준비를 한다.

**민영**　　(선호의 손목에 수갑을 채우며) 이렇게 채우면 수갑
　　　　　이 이렇게 되거든요?
　　　　　(선호의 손 뒤집으며) 그림에서는 이쪽 면이 나오는
　　　　　게 보기 좋겠죠?

**선호**    (신기한 듯) 아, 네….

        (수갑을 보며) 빠르게 잘 묶으시네요, PD님.

**민영**    제가 성인물 담당한 지 몇 년 찬데요~. 이 정도야 기본이죠!

        다른 것도 보여드릴까요?

민영이 채운 수갑을 빤히 바라보는 선호.

민영은 씩 웃으며 가방을 테이블 위로 올리고 선호는 그 모습을 바라보다 깜짝 놀라서 수갑 찬 두 손으로 가방을 덥썩 잡는다.

민영은 의아하게 선호를 바라보는데….

주변의 사람들도 긴장한 듯 그들을 바라보고 있다.

**선호**    잠깐. 여기… 청소년들도 다 보고 있어서…. 하하.

선호는 씩 웃으며 카메라를 바라본다.

**민영**    … 하하.

민영은 가방을 내리고 주변 사람들도 그제야 안도의 한 숨을 내쉰다.

민영, 선호를 바라보며 이야기를 이어간다.

**민영**    (열정적으로) 아무튼 수갑 신은 이렇게 수정해주시
고요.

그리고 연출은… 전보다 더 과감해졌더라고요?!
저 완전 놀랐어요!

고새 무슨 일이 있으셨던 거예요? 혹시 연애 중…?
(수갑을 가리키며) 이런 걸로? 어머어머!

선호를 툭툭 치며 오버하는 민영.
무영, 선호와 민영을 몰래 살피며

**무영(NA)**    저런 것까지 하는 사이라고?


## S#6-4. 카페 / (D)

무영은 그런 두 사람을 바라보고 물을 뿜는데, 그로 인해
소란이 인다.
직원이 무영과 선호 사이에 서서 자리를 닦아준다.
선호는 흘깃 눈치를 보다가 수줍게 민영 PD를 바라보며
손사랫짓한다.

**선호**    (손사랫짓하며) 네? 그런 거 아니에요!

(주변 눈치를 보다가) 저 그런데, 이것 좀 풀어….

**민영**  에이~. 저한테만 얘기해보세요~. 요새 연애 시작
하셨죠?

**선호**  아니, 이거 좀 풀어….

**민영**  (믿지 않는) 흠, 아니면 말고요~.
(수첩 보며) 참, 그리고 세이브 원고 마감 일정을
조정해야 할 것 같아요.
아무래도 원고를 두 개 하시다 보니, 일정이 조금
씩 밀리네요….

**선호**  네… 연재 중인 원고 위주로 마감하다 보니 아무
래도 좀 그렇죠…?

**민영**  다른 작가님들은 요즘 배경 같은 건 스케치업을
많이 쓰시던데….
작가님은 스케치업 안 쓰세요?

**선호**  네, 저는 손으로 그린 게 더 좋아서요. 배경은 어
시님이 잘해주고 계세요.

**민영**  그러시군요. 스케치업이 시간 단축하는 데 도움이
된다고 하길래 여쭤봤어요.

**선호**  자료 사진 구하기가 어려워서 그렇지, 사진만 좋

으면 빨리 그릴 수 있어요.
저희 어시님 진짜 금손이시거든요!

**민영**  아! 제가 자료 사진 다 구해다 드리고 싶네요.
회사 신 참고용으로 저희 회사라도 찍어 가세요!

**선호**  (솔깃) 오! 정말요? 사무실 배경 있으면 좋죠!

**민영**  제 선에서 섭외할 수 있는 장소는 말씀만 하세요!
가족, 친구, 지인 찬스 총동원해서 구해드릴게요.
구할 수 있는 데가… 음….
(손가락 접으며) 바, 약국, 레스토랑, 중학교, 가구
공방, 호텔, 삼겹살집 정도…?인 것 같네요.

**선호**  (엄지를 척 세우며) 와! 전부 찍어두고 싶네요!
다음 화에 마침 호텔이랑 바가 나오는데….

**민영**  (말 자르며) 잘됐네요. 제 사촌동생이 호텔 프런트
에서 일해요.
바는 제 지인이 하는 데라 사진 찍어도 될 거예요.
둘 다 근처에 있는데, 바로 갈까요?

**선호**  (떠나가는 민영을 바라보며) 저… 근데 수갑은….

선호에게 다가오는 민영, 이제 풀어주려나 싶어 선호의
표정이 밝아진다.

오! 나의 어시님

민영, 수갑도 풀어주지 않은 채 그대로 선호를 끌고 나간다.

그런 민영에게 맥없이 끌려가는 선호.

어딘가로 향하는 선호와 민영의 뒷모습을 바라보는 무영.

**무영**(NA)   뭐야? 저러고 어딜 가는 건데?

무영은 자리에서 일어나 따라 나간다.

## S#7.   호텔 앞 / (D)

양손이 결박된 채로 호텔 앞까지 끌려온 선호.

민영은 주인, 선호는 노예 같은 모양새.

의기양양한 민영과는 다르게 선호는 조금 부끄러운 듯한
표정이다.

**민영**   여기예요.

**선호**   (수갑 찬 손목을 보여주며) PD님···. 저 설마 이 상태
로 들어가나요?

**민영**   아! 죄송해요(얼른 풀어주며).

**무영**(NA)   호텔 앞에서 손을 잡아?

| 민영 | 내가 특별히 반투명 유리가 있는 화장실로 부탁해 놨어요. |
|---|---|
| 선호 | 반투명? |
| 민영 | 기왕이면 판타스틱한 장면이 나올 수 있는 데가 좋잖아요! |
| 선호 | 그럼요. 가시죠! |
| 민영 | 가요, 빨리 와요. |

선호와 민영이 호텔 안으로 들어가는 모습이 보이고, 뒤에서 그 모습을 조용히 바라보던 무영은 아까의 초조함과는 다른 불편함을 느낀다.
선호에 대한 감정이 요동치지만 자신은 아무것도 할 수 없다는 무력감을 느끼는 무영.


## S#8-1.  거리 / (D)

무표정한 얼굴로 길을 걸어가는 무영.
생각이 많은 듯하다.

무영(NA)    뭐 하는 거야… 바보같이….
          마음 아플 이유도 없었던 거잖아….


          무영은 걸어가며 자신이 겪었던 과거의 일들을 회상하는데.



## S#8-2. (회상 - 과거) 미술 학원 - 학원 앞 골목 / (D)

          하교하는 무영.
          웬 남학생이 다가와 무영을 부른다.


남학생 A    야! 너 남자 좋아한다며?
          그럼 너 남자 좋아하면 다 사귀냐? 어?
          이렇게 하면 막 설레고 그래? 설레지? 떨리냐? 떨
          리지?


          무영을 놀리듯이 실실 웃는 남학생.
          무영의 얼굴에 기분 나쁜 표정이 스치고, 무영에게 성큼
          다가가 기분 나쁘게 볼을 쓰다듬는 남학생 A.


무영       이거 놔. 내가 남자 좋아한다고 남자면 다 좋아서
          환장할 거라고 생각하는 건 너무 단세포 아니냐?

잘 들어. 내가 좋아하는 건 성별을 떠나서 좋아하는 거야. 사람이 사람 좋아한다는데 그게 대체 뭐가 그렇게 다른 건데? 너처럼 약한 사람 보면 괴롭히고 물어뜯기 바쁜 양아치 같은 놈들, 지금 나는 한 트럭 갖다 줘도 싫어. 니가 지금 날 이렇게 붙잡고 있는 것도 더럽고 불쾌해.

**준석**       야, 그만해라.

**남학생 A**   너 이 새끼 말하는 거 못 들었어?

**준석**       그 시간에 공부나 더 해 임마. 가, 가~.

**무영(NA)**   내가 사랑하는 사람을 찾았을 땐 언제나 좋은 일 보다는 나쁜 일이 많았었고, 그럴 때마다 준석이가 도와줬었지.

그때, 울리는 무영의 휴대폰.

**무영**       여보세요?

**준석(E)**    어디야?

**무영**       강남.

**준석(E)**    어, 나도 강남인데. 일찍 퇴근했어?

| 무영 | 아니, 외근했어. |
|---|---|
| 준석(E) | 어시도 외근이라는 게 있어? |
| 무영 | 응. |
| 준석(E) | 혹시 기분 안 좋아? |
| 무영 | 아냐, 그런 거. 강남이면 술이나 한잔하자. JJ로 와. |
| 준석(E) | 알겠어. |

무영, 전화를 끊고 발길을 돌린다.

| 무영(NA) | 이성애자를 좋아하고 좋았던 적 한 번도 없었잖아. 작가님은 다를 거라고 생각한 건…. |
|---|---|

## S#8-3. 거리 / (D)

어느 새 JJ 바 앞에 도착했다.
쓸쓸한 표정의 무영.

| 무영 | 착각이었나. |
|---|---|

바 안으로 들어가는 무영.


## S#8-ㄴ. JJ 바 / (N)

음악이 흐르는 바 안.

바 테이블에 나란히 앉아 있는 준석과 무영.

술을 홀짝이며 무영의 눈치를 살피는 준석.


**준석**   내가 말했지? 괜히 이성애자랑 엮여서 좋을 거 없
다고.

그런데 작가 선생도 너무하네…. 여자 친구도 있
으면서 너한테.

**무영**   됐어…. 그 이야기는 더 하지 마.

**준석**   한 잔 더 마실래?


## S#9.   거리 / (N)

인파 속을 걸어가는 선호와 민영.

'JJ Bar'라는 간판의 바를 향해 걸어간다.

**민영**    (선호 향해) 아참, 놀라지 마세요.

지금 가는 바에는 남남 커플이 많거든요.

**선호**    남남 커플이요?

**민영**    네. 여기 운영하는 분들이 제 지인인데, 그분들이
남남 커플이거든요.

그래서 남남 커플이 은근 많이 와요~.

뭐, 요새는 워낙 편견 없는 사회니까요~.

작가님, 괜찮으시죠?

**선호**    네, 뭐….

**선호(NA)**  남남 커플… 나와는 상관없는 일이라고 생각했었
는데….

고민에 빠진 얼굴로 천천히 걸어가는 선호.


# S#10.    JJ 바 / (N)

**무영**    (카드 꺼내며) 오늘은 내가 살게.

**준석**    (무영 손 밀어내며) 됐어. 너 기분 안 좋아 보이니까
내가 살게.

**무영**     내가 살게.

바로 들어오는 민영과 선호.

**민영**     지민아~!

무영이 자신의 카드로 계산하려고 준석의 카드를 붙잡고
있는데, 바 입구로 들어오는 선호와 민영.
선호와 무영이 서로를 발견한다.
멈칫하는 두 사람.

**민영(V.O)**   여기 운영하는 분들이 제 지인인데, 그분들이 남
남 커플이에요.
그래서 손님들이 남남 커플이 많아요~.

**무영(NA)**   !! 작가님이….

**선호(NA)**   !! 왜 여기에…?!

선호의 눈에 손을 잡고 있는 무영과 준석이 보인다(카드는
손에 가려 보이지 않는 상황).

**선호(NA)**   무영 씨가… 남자 손을 잡고 있어?!

놀라는 무영, 선호의 눈에 준석이 들어온다.
그리고 아까 전 민영의 말이 귀에 맴돈다.
계속 맴도는 민영의 말.

**민영**(V.O)    남남 커플이 은근 많이 와요~.

반신반의하는 표정의 선호.
그제야 준석의 손에서 자신의 손을 급히 빼는 무영.
준석은 무영과 선호를 물끄러미 바라보고 있다.
당황해하는 무영, 그리고 당황한 선호.
준석은 심기가 살짝 불편한 모습이다.

**무영**    (일어서며) 작가님, 여기는.

**준석**    (태연하게) 처음 뵙겠습니다. 한준석입니다.

자연스럽게 무영에게 다가가 어깨를 감싸 안는 준석.
무영은 놀라 고개를 돌리고, 준석은 그대로 입술을 가져
가 무영에게 입을 맞춘다.
눈을 동그랗게 뜨고 놀란 듯 입을 틀어막고 있는 민영과,
키스를 하는 준석과 무영 사이로 보이는 선호.
'내가 지금 꿈을 꾸는 건가?' 싶은 선호의 충격적인 표정.

**민영**  웬일이야… 어머머머…. 찐하게 하네…. 너도 그
러는 거 아니야? 너도 그러잖아.

**웨이터**  난 이런 데서 안 해.

**민영**  요즘은 대놓고 하는 거야.

**웨이터**  과감해.

# Episode.6

# 다시 못 보더라도,
# 지금은 고백 타이밍

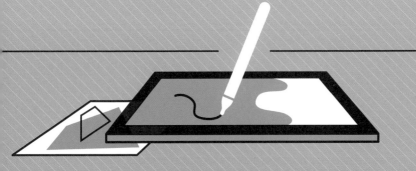

## S#1.    JJ 바 / (N)

무영은 깜짝 놀라 뒤를 돌아보고, 준석은 무영의 어깨를
탁 잡는다.
준석의 얼굴이 무영에게 급 가까워진다.
무영의 입술에 닿는 준석의 입술.
당황하는 무영과 선호, 무영은 준석을 밀어내고 선호를
바라본다.
깜짝 놀란 표정의 선호와 입을 틀어막고 있는 민영.
준석은 선호를 바라보고 있는데 무영이 자리를 피한다.


## S#2-1.   준석 사무실 / (M)

의자에 앉아 있는 준석.
잔을 집어 들어 커피를 마신다.

**준석(NA)**    나답지 않은 유치한 행동이었다.

잔을 책상에 내려놓는 준석.

**준석(NA)**   하지만 흔들리는 무영이의 모습을 보니 괜히 성질
이 나서 그만….

지그시 눈을 감으며 미간을 찌푸린다.

## S#2-2. (회상 - 과거) 미술 학원 / (D)

교복 차림의 준석이 명품 쇼핑백을 들고 문 앞에서 무영
의 이름을 부른다.
문을 열어 들어오라고 하는 교복 차림의 무영.

**무영**   학원까지 웬일이야?

**준석**   (쇼핑백 건네며) 2등 했다며, 축하해.

**무영**   그냥 학원에서 조그맣게 한 대횐데 뭐.

**준석**   그래도. 너니까 축하해주고 싶었어.

그때, 준석의 눈에 벽에 걸린 무영의 그림이 보인다.

**준석**    이거야? 잘 그렸네.

무영의 시선이 그 옆의 1등 작품으로 향한다.
그 그림은 이전에 선호가 그리고 있던 그림이다.

**무영**    (선호 그림 보며) 이 그림에 비하면 내 건 별것도 아니지.

**준석**    (선호 그림 보며) 이게 1등이야? 내 눈엔 네 그림이 더 나은데.

무영, 홀린 듯 선호의 그림에 빠져든 눈빛이다.
그 눈빛을 바라보는 준석.

**준석**    이 사람이구나?

**무영**    뭐?

**준석**    이 그림 주인, 네가 좋아하는 사람.

**무영**    … 아냐.

**준석**    아니긴… 네 눈이 말해주고 있는데 뭘.

**무영**    ….

**준석**      고백… 할 거야?

**무영**      아니…. 괜히 내가 고백하면 그 사람도 분명 힘들 거야.

（애써 웃으며） 더 이상 상처받고 싶지 않아. 상처받기도 싫고.

**준석(NA)**   사랑하는 사람이 눈앞에 나타나면 완전 빠져들어서 그 사람의 모든 걸 좋아하고 그 사람 외에는 아무도 눈에 안 보였지.

그때, 복도에서 교복 차림의 선호가 친구들과 학원 안으로 들어온다.
선호에게로 흘끗 시선이 향하는 무영.

**무영**      （돌아서며 준석에게） 나 이제 수업해야 해. 선물 고마워.

**준석**      어, 그래.



## S#2-3. 준석 사무실 / (M)

안경을 치켜올리는 준석.

오! 나의 어시님

준석(NA)　　그때나 지금이나 똑같네 넌.

준석　　　　이 자식은 왜 이렇게 학습 능력이 없는 거야.
　　　　　　나이 먹도록 쓸데없는 감정 소비나 하고.

　　　　　　머리가 지끈거리는 듯 관자놀이를 손으로 누르는 준석.

준석(NA)　　그보다 키스하면서 순간 그런 생각이 들었다.

　　　　　　스르륵 눈을 뜨는 준석.

준석(NA)　　상대가 너라면… 이보다 더한 것도 할 수 있겠다
　　　　　　는 생각.


S#3.　　　거리 – 건물 앞 / (M)

　　　　　　선호의 작업실 건물 앞에 멈춰 서는 무영, 작업실 창문을
　　　　　　바라본다.

무영(NA)　　어제는 너무 놀라서 그대로 도망쳐버렸다….
　　　　　　어떻게 대처해야 될지 모르겠다….

한숨을 내쉬는 무영.


## S#4-1.   선호 집 – 작업실 / (M)

각자의 자리에서 그림을 그리고 있는 선호와 무영.

무영, 선호를 몰래 흘낏 쳐다본다.


**무영(NA)**   작가님은 평소와 똑같이 행동하시네?

뭐지? 못 본 척하겠다는 건가?


무영이 고개를 돌리자 선호는 식은땀을 흘린다.


**선호(NA)**   어… 어쩌지 어색해.

뭔가… 여친 있… 아니 남친 있는 남자를 몰래 짝

사랑하고 있었던 기분….

짝사랑… 짝사랑??

아, 어색해….


선호는 목이 간질간질한지 기침을 한 번 하는데, 무영은

그 소리에 놀라 펜 선이 어긋난다.

**무영**(NA)   아니… 차라리 뭐라고 하던가.

## S#4-2.  선호 집 - 작업실 / (D)

여전히 정적이 흐르는 작업실.
선호, 무영을 조심스럽게 바라보다 뭐라도 말을 해야겠
다 싶어 입을 달싹거린다.
무영 눈에는 귀여워 보이는 선호의 샐쭉한 표정.

**선호**   저… 무영 씨!

**무영**   네…!

**선호**   여기 배경… 사진은 이걸로… 아, 아닙니다.
생각해보니 배경이 다른 곳이면 좋겠네요.

사진을 보내려다 멈칫하는 선호.
문제의 그 바 사진인데, 황급히 사진 전송을 취소한다.

**선호**(NA)   미쳤어? 바 사진을? 배경으로?

무영에게로 넘어가던 사진이 취소되는 모습.

**무영**      그럼 어디로.

**선호**      아, 저, 그… 여기로?

사진을 보내는 선호, 호텔 앞 사진을 보낸다.

**무영**      호…텔이요???

**선호**      (쭈글) 네…. 그… 그 사진 제가 찍은 거라 그대로
             덮어서 그리셔도 돼요!

**무영**      그러시겠죠.

**선호**      네???

**무영**      아닙니다.

**무영(NA)**  잊을 뻔했어. 작가님은 민영 PD와 사귄다는 걸.
             나 혼자 무슨 기대를 한 거지?

묘하게 날이 선 무영을 바라보던 선호는 또다시 안절부절
못하는 강아지가 된다.
그림 그리던 무영의 손이 멈춘다.
고개를 푹 숙이는 무영.

## S#5-1.  선호 집 - 작업실, 현관 / (N)

조용한 작업실 안, 벽시계가 6시를 가리킨다.
컴퓨터를 끄고 가방을 챙기는 무영.


**무영**    이만 퇴근하겠습니다.

**선호**    앗, 네. 벌써 시간이 그렇게 됐나요?
(시계 보더니) 얼른 퇴근하세요!

**무영**    네.


무영, 선호의 안절부절못하는 모습을 보고 자신에게 할
말이 있음을 눈치챈다.


**무영**    작가님, 저한테 뭐 하실 말씀 있으세요?

**선호**    아, 아뇨 그….

**무영**    저번 주 금요일… 말씀하시고 싶으신 거죠?

**선호**    네… 맞아요.

**무영**    네, 저 남자 좋아해요. 그게 뭐 어때서요?


결심한 듯 침을 꿀꺽 삼키는 선호.

말을 끊듯 빠르게 무영에게 말한다.

선호          (무영을 똑바로 바라보며) 그게 아니라… 무영 씨,
            사실은요.
            저, 무영 씨한테 관심 있어요.

잠시 멈칫하다가 노려보듯 선호를 바라보는 무영.

무영          그래요?

무영(NA)     저도 그래요, 작가님.

무영          그래요? 근데 어쩌죠(냉랭). 저 애인 있어요.

무영(NA)     저도 좋아한다고요… 작가님을.

선호          (애써 웃으며) … 아, 그 안경 쓰신 분이요?

무영은 선호를 잠시 바라보다가,

무영          (선호 보며) 네, 걔가 제 남자 친구예요.

선호          (씁쓸) 아, 역시 그러시구나….

무영(NA)     작가님에겐 민영 PD가 있으니까요.

**선호**      그래도… 그래도 제 마음은 꼭 전하고 싶었어요.
            그래야 아쉽지 않을 것 같아서요.

            무영이 문을 열고 밖으로 나간다.
            나가는 무영을 바라보는 선호.
            문이 쾅 닫힌다.

**선호(NA)**  안 되는 거 알고 있었잖아. 그리고 무영 씨에게 난
            어울리지 않는다는 것도.

**무영(NA)**  제 마음이 들키지 않기를 바래요.
            그래야 상처받지 않을 것 같거든요.


## S#6.   무영 집 - 거실 / (N)

            멍하니 생각에 빠진 채 안주를 뒤적거리고 있는 무영.

**무영**     (밥 먹다 말고 혼자 중얼대며) 아무리 외로워도 양다
            리랑 엮일 순 없지.

            무영 앞에서 빤히 무영을 바라보고 있던 준석이 무영의
            이마에 딱밤을 살짝 날린다.

**준석**    무슨 생각을 그렇게 해?

(강조하듯) 바에서 마주친 사람. 작가 양반 맞지?

**무영**    아⋯. (술 들이켜며) 근데 너 왜 쓸데없는 짓을 했어?

**준석**    뭔 짓?

**무영**    (준석 바라보며) 네가⋯ 나한테 키스했잖아.

**준석**    ⋯ 그게 이제야 궁금해? 왜 진작 안 물어보고?

**무영**    ⋯ 진짜 왜 그런 건데?

**준석**    그 작가한테 질투심 좀 불러일으키려고. 너 도와주려고 그런 거지.

(떠보듯) 그래서 아니라고 해명했어?

**무영**    (멍하게) 아니 뭐 그냥⋯. 그렇게 알고 있으라고 냅뒀어.

**준석**    왜? (피식 웃으며) 재밌네⋯. 앞으로 작가 양반 어떻게 보려고.

잠시 고민스러운 표정의 무영.

**무영**    나 이제 그만두려고.

**무영**(NA)　　　그래, 이게 맞는 거야.


## S#7.　　선호 집- 침대 / (M)

아침 햇살이 비추는 방 안, 휴대폰 알람이 울려댄다.
알람을 끄며 자리에서 일어나는 선호.
선호가 기지개를 켠다. 그때, 선호의 휴대폰이 울린다.
카톡을 확인하는 선호, 무영에게 카톡이 와 있다.


무영　　　**작가님, 드릴 말씀이 있는데요.**

선호, 화들짝 놀라 확인한다.
휴대폰이 한 번 더 울리며 카톡이 하나 더 온다.


무영　　　**갑자기 죄송합니다만**
　　　　　**어시 일을 그만둬야 할 것 같습니다.**

놀라는 선호, 믿을 수 없다는 듯 휴대폰을 들여다본다.

**선호**　　　무영 씨가 그만둔다고?!

| 무영 | 개인적인 사정이 생겨서요… . |
|---|---|
| | 당분간 후임 구하실 때까지는 재택근무 하겠습 |
| | 니다. |
| **선호** | 갑자기 뭐지? |

복잡한 얼굴로 무영의 메시지를 빤히 바라보는 선호.

**선호(NA)**   개인적인 사정이라니… 혹시 내가 고백을 해버려
서…?!

답장을 쓰는 선호.

**선호(NA)**   '무영 씨, 혹시 제가 관심 있다고 한 것 때문에'

까지 썼다가 멈추는 선호.
고민하다가 쓴 글자들을 모두 지운다.
한숨을 푹 내쉬는 선호.
똥 마려운 개처럼 안절부절못하는 모습이다.

# S#8-1. 무영 집 - 거실 / (M)

가운을 입고 소파에 앉아 있는 무영, 휴대폰을 보고 있다.
자신이 보낸 카톡의 '1'이 사라져 있다.

**무영**     읽씹????????

내심 실망한 듯한 표정의 무영.
모닝커피를 마신다.

**무영(NA)**  그래도 혹시나 내가 필요하다고 하지 않을까 기대
했는데.


# S#8-2. (회상) 선호 집 - 작업실, 현관 / (N)

결심한 듯 침을 꿀꺽 삼키는 선호.

**선호**     사실은요. 저, 무영 씨한테 관심 있어요.

## S#8-3. 무영 집 - 거실 / (M)

커피 잔을 소파 앞 테이블에 내려놓는 무영.

**무영**    이런 말을 들어놓고 어떻게 아무렇지 않게 봐.
차라리 안 보는 게 낫지.

그때, 준석이가 무영을 향해 외친다.

**준석**    밥 먹자. 나 이제 가야 돼….

준석이가 아침밥을 차려놓고 무영을 기다리고 있다.
무영은 슬렁슬렁 걸어서 준석에게 다가간다.

## S#9-1.  선호 집 - 작업실 / (M)

방 안에 혼자 앉아 생각에 잠긴 선호.
무영의 말에 이대로 포기를 해야 하나 고민하는데,

## S#9-2. (회상) 선호 집 - 작업실 / (N)

과거 선호와 무영의 즐거웠던 순간들이 떠오른다.

무영이 자신을 보며 웃어줬던 순간들, 무영이 음식을 해

주었던 순간들, 키스했던 순간들.

## S#9-3. 선호 집 - 작업실 / (M)

벌떡 일어나는 선호.

이대로 주저앉아 있을 수 없다는 듯 주먹을 불끈 쥔다.

**선호**      잊으려 하면 할수록 생각난다.

무영 씨의 웃는 얼굴, 무영 씨와 함께했던 순간들.

거울 속 모습을 바라보는 선호.

**선호**      그래, 끝까지 가보자.

선호는 급하게 옷을 챙겨 밖으로 나가고,

# S#10-1. 거리 - 무영 집 앞 / (D)

준석이 집에서 나오고 무영도 쓰레기봉투를 들고 나오고 있다.

**준석**   배부르게 먹었으니까, 힘내라.

**무영**   됐거든? 나 원래 힘 많거든?

**준석**   난 사랑은 잘 모르지만, 실연의 아픔 그거 힘든 거라며.

**무영**   야! 실연 아니라고! 시작도 안 했는데 무슨….

피식 웃는 준석.

**준석**   알았어. 그럼 간다.

피식 웃는 무영.
그때, 무영의 표정이 심각해지며 어딘가를 바라본다.
준석이 무영의 시선을 따라간다.
무영의 집 건물 앞에 선호가 서성이는 것이 보인다.
준석은 살짝 놀란 시선으로 선호를 바라본다.
그때, 두리번거리던 선호가 고개를 돌린다. 시선이 마주

치는 무영과 선호.

무영과 함께 있는 준석을 보고 흠칫 당황하지만, 당황하지 않은 척하며 무영에게 다가가는 선호.

무영이 싸늘한 얼굴로 선호를 바라보다 따뜻한 목소리로 준석에게 말한다.

**무영**   (다정하게) 그만 가봐. 지각하겠다. (이어 속삭이듯) 애인인 척해, 애인인 척.

**준석**   (당황하지 않은 척) 어어, 간다.

**무영**   잘 가.

**선호**   … 무영 씨, 잠깐 얘기 좀 할 수 있을까요?


## S#10-2. 거리 - 무영 집 앞 / (D)

준석이 사라지자 둘만 남은 무영과 선호, 정적이 흐른다.

**무영**   (선호에게) 어시 일은 죄송하게 됐습니다. 하실 말씀이 뭔가요. 얼른 들어가봐야 해서….

오! 나의 어시님

무영을 빤히 바라보는 선호.

**선호(NA)**   나와 계속 같이 있어 달라고, 기다릴 수 있으니까,
내 옆에 있어달라고 말하려고 했다. 하지만 방금
깨달았다.

고개를 숙이는 선호.

**선호(NA)**   내가 무영 씨에게, 얼마나 미안한 짓을 하려고 한
건지….

허리를 90도로 숙이며 무영을 향해 깊게 인사하는 선호.

**선호**   그동안… 감사했습니다.

고개를 들지 않는 선호와 당황하는 무영.

## S#11-1.   선호 집 – 작업실 / (D)

대낮부터 홀로 소주를 마시고 있는 선호.
허망한 표정이다.

**선호**  사귄 것도 아닌데 왜 이렇게 가슴이 아프냐.
무영 씨… 보고 싶어요. 보고 싶어요….


## S#11-2. 선호 집 - 작업실 / (N)

깜깜한 방 안에서 불도 안 켜고 술을 계속 마시고 있는
선호.
얼마나 마셨는지 빈 병이 사방에 굴러다닌다.
잔뜩 취해 비틀거리는 몸짓으로 책상으로 가는 선호.
서랍을 열어 소중하게 보관해둔 듯한 그림을 꺼내 들여
다본다.
애틋한 눈빛으로 무영의 크로키를 보고 있는 선호.

# *Episode.7*

# 샤워하고 올게요,
# 가면 안 돼요

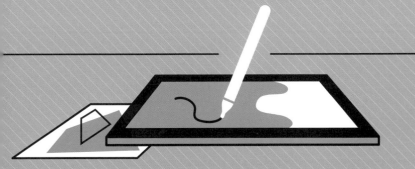

## S#1-1.  거리 - 건물 앞 / (D)

해가 뜬 하늘 아래 무영의 집 전경.

## S#1-2.  무영 집 - 거실 / (D)

옷을 챙겨 입은 무영이 방에서 거실로 나온다.

휴대폰을 보고 있는 무영.

Ins

무영 휴대폰 화면 클로즈업.

무영이 선호에게 '짐 가지러 잠시 들르겠습니다'라고 카

톡을 보내놨다.

메시지 옆 '1'이 사라지지 않은 상태다.

**무영**　　씻기 전에 보냈는데 아직도 확인을 안 하셨네….

무영은 안절부절못하며 핸드폰만 확인하고 있다.

그러다 뭔가 결심한 듯 핸드폰을 탁 덮고 벌떡 일어나 옷

을 챙겨 입는다.

**무영**    당분간 재택 하려면 어차피 짐은 가져와야 하니

까….

무영이 휴대폰을 주머니에 넣고, 자동차 키를 챙겨 밖으

로 나간다.

문이 닫히는 무영의 집.

## S#2.    거리 - 선호 집 앞 / (N)

선호의 작업실 건물을 바라본다.

깊게 숨을 내쉬는 무영.

무영이 선호의 작업실 앞에서 들어가지 못하고 머뭇거리

다가 안으로 들어간다.

## S#3-1.   선호 집 – 작업실 / (N)

작업실 안으로 들어간 무영.
조용한 주변의 모습이 어색한 듯하다.

**무영**　　　　작가님, 저 짐 가지러 왔…. (두리번거리다) 아무도
　　　　　　없나?

두리번거리던 와중 발에 뭔가 채여 놀란 무영.
바닥을 보니 소주병들이 굴러다닌다.
당황한 무영은 잠시 주변을 살피다 선호가 있는 방으로
들어가는데, 선호가 쓰러져 잠들어 있는 모습이 보인다.

**무영(NA)**　　술병이…. 얼마나 마신 거야?
　　　　　　작가님…. 힘들어 보이시네.
　　　　　　어떤 기분이셨을까?

걱정스러운 표정으로 선호를 바라보다 고개를 절레절레
흔드는 무영.

**무영(NA)**　　아니 정리하는 마당에 걱정해서 뭐 하게.

무영은 선호의 옆으로 가서 예전 선호를 깨울 때처럼 머

리를 쓰다듬는다.

**무영**       작가님….
             많이 좋아했어요…. 안녕히 계세요.

조용히 쓰다듬던 무영, 몸을 돌려 나가려고 한다.
그때, 눈을 살짝 뜨는 선호.
깜짝 놀란 무영은 잠시 선호를 바라보고 있다.
선호의 시선으로 보이는 무영.


## S#3-2. 선호 집 – 침대 / (N)

무영을 향해 손을 뻗는 선호.
손을 내밀어 무영을 덥썩 끌어안는다.

**선호**       가지 마, 무영아….

선호의 손에 끌려 안기게 된 무영.
선호의 품속에서 무영은 한참을 가만히 있는다.
선호는 계속해서 중얼거린다.

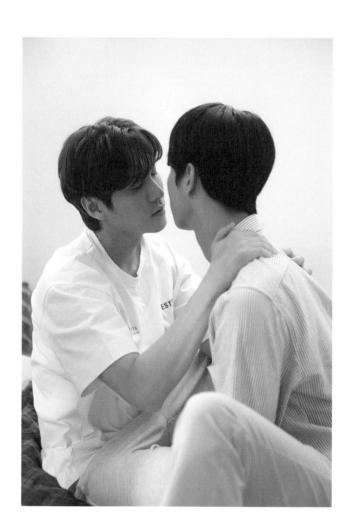

**선호**      가지 마⋯. 가지 마요, 무영 씨.

자신을 애타게 부르는 선호를 바라보는 무영.
선호가 슬며시 눈을 뜨자, 자신을 거부하지 못하는 무영의 안타까운 표정이 보인다.
선호, 글썽글썽한 강아지 같은 얼굴로 끌어안는데, 이상하게 진짜처럼 말랑거린다 ⋯.
눈을 번쩍 뜨고 상황 파악을 하는 중인 선호, 상황 파악이 끝나고 화들짝 놀란다.

**선호**      무⋯ 무영 씨!!! 아악!

깜짝 놀라 무영을 밀어서 침대 밑으로 떨어뜨린다.


## S#4-1.   선호 집 – 작업실 / (N)

선호가 작업실에 넙죽 엎드려 무영에게 사과하고 있다.

**선호**      죄송해요! 당연히 꿈일 거라 생각했어요!
　　　　무영 씨가 화실에 오실 리가 없다 생각하고⋯.

**무영**      짐 가지러 온다고 문자 보냈습니다.

| 선호 | 못 봤어요. 죄송합니다…. |
|------|------------------------|
| 무영 | 그래도… 일어나셔서 다행입니다. |
| 선호 | 저 금방 씻고 올게요. 같이 밥 먹어요. 네? |
| 무영 | 아니… 무슨. |
| 선호 | 가지 마세요. 네? 할 이야기도 있고요! 네? |
| 무영 | (헛기침) … 알았어요. |

선호는 화장실로 씻으러 들어갔다가 다시 고개를 빼꼼
내밀고 무영을 바라본다

| 선호 | 가지 마요! 가지 마요! |
|------|----------------------|
| 선호(NA) | 가지 마, 무영아…. |

선호가 화장실로 다시 쏙 들어가자 무영은 살짝 미소를
짓는다.

| 무영(NA) | 가지 마, 무영아…. 생각나네. |
|----------|-------------------------------|

무영은 추억이 깃들었던 작업실을 잠시 바라본다.

## S#4-2. (회상) 선호 집 - 작업실 / (D)

작업실에서 환하게 웃으며 작업하는 선호.
서로 포즈를 잡아보느라 끙끙대던 모습들.
라면을 끓여서 가지고 오는 선호.

## S#4-3. 선호 집 - 현관, 작업실 / (N)

작업실을 바라보던 무영, 갑자기 비밀번호 누르는 소리가
들린다.
이내 문이 열리고 민영 PD가 들어온다.
무영은 그녀를 바라보는데 마음이 다시 흔들리고 있다.

**무영**  PD님?

**민영**  안녕하세요, 어시님. 작가님은요?

**무영**  샤워 중이세요.

**민영**  작가님 연락이 안 되셔서 찾아왔어요.
이렇게 매번 찾아오게 만들지 말래도 참⋯.
저 무슨 같은 날이 반복되는 저주 그런 거에 걸린
거 아니죠?

마감의 블랙홀인가? 아… 지금 원고 넘겨야 하는
데….

무표정한 무영.

**무영(NA)**  그걸 왜 나한테.

표정이 다시 어두워지는 무영.
냉정한 표정으로 민영 PD를 작업실 의자로 안내한다.

**무영**  나오시면 얘기하시죠.

**민영**  아… 네!

의자에 마주 앉아 있는 무영과 민영.
분위기가 어색하다.

**민영**  저 이번에는 마감 펑크날까 봐 진짜 진짜 깜짝 놀
랐어요.
그래도 어시님이 있으니까 얼마나 든든한지 몰라
요~.
오늘은 늦게까지 야근하시나 봐요?

**무영**     아뇨… 전….

## S#5.    준석 사무실 / (N)

사무실에 들어오는 준석, 윤아가 먼저 와서 앉아 있다.


**준석**     뭐야, 언제 왔어?


말 대신 조용히 문자메시지를 하나 보내는 윤아.
책상 앞에서 메시지를 확인하는데, 준석에게 온 사진은
무영과 키스를 하고 있는 모습이 찍힌 사진이다.


**준석**     뭐야 이거?

**윤아**     이 사람 맞지? 오빠 친구.

**준석**     이렇게 멋대로 구는 게 매력인 줄 아나 본데, 그거
            오산이다.

**윤아**     그동안 왜 그렇게 그 오빠를 애지중지했던 건지,
            이제야 이해가 가더라.

**준석**     그런 거 아니야, 윤아야.

믿기 어렵겠지만 사정이 있어서 연출한 거야.

**윤아**  그래? 그렇다기엔 너무 다정한데?

**준석**  이거 누가 찍은 거야?

**윤아**  이 사진 풀면 오빠 혼삿길 다 막히겠지?
그럼 오빠 회사 직원들도 다 알게 될 거고 오빠 부모님도….
그러면 회사에서 오빠 위치도 좀 불안해지지 않을까?

**준석**  그래서 어떻게 하고 싶은 건데.

**윤아**  부모님께 오빠 잘못으로 결혼 깨진 거라고 말해.

**윤아**  오빠는 나 사랑하는 거 아니잖아.


## S#6-1.  선호 집 - 작업실, 현관 / (N)

어색한 분위기가 이어지는 민영 PD와 무영.
무영이 어색한지 먼저 일어날까 말까 고민하는 사이, 화장실에서 들려오는 선호의 목소리.

**선호(E)**  무영 씨, 아직 안 갔죠?

**무영**　　　아니에요. 그보다 … 민영 PD님 오셨 ….

**선호(E)**　（큰 목소리로) 아까 제가 멋대로 키스해서 화나셨
　　　　　을까 봐 ….
　　　　　저 빨리 물기만 닦고 나갈게요!

당황하는 무영.
그와는 반대로 기대에 부푼 민영 PD의 얼굴.
무영이 해명을 하기 위해 민영에게 다가간다.

**무영**　　　아 … 아니, 그게 아니라!

**민영**　　　(찡긋) 쉿!

**무영**　　　그런 게 아니라, 아까 작가님이 잠결에 ….

이때, 더 크게 들리는 목소리.

**선호(E)**　그리고 아까 허리 만진 것도 죄송했어요.
　　　　　저도 모르게 무영 씨 몸을 더듬어서 ….
　　　　　그리고 제가 땀이 많이 나서 ….
　　　　　그거 때문에 무영 씨한테도 땀이 다 묻었잖아요.

당황하는 무영.

화장실을 바라보다가 민영 PD를 돌아보는데, 민영 PD는
이미 자리에 없다.
주변을 두리번거리는 무영.
옷을 다 챙겨서 밖으로 나가는 민영 PD를 발견한다.
무영이 손을 뻗어 민영 PD를 붙잡으려 하지만 민영 PD는
쏙 빠져나가 현관문을 연다.

**민영**       축하해요.

**선호**(E)    아직 있죠? 잠시만 기다리세요.

**무영**       PD님, 그게 아니고요!!

**선호**(E)    기다려요.

**민영**       괜찮아요. 사랑이 먼저다~! (윙크) 휴재 요청해둘
              게요~.

민영 PD가 입을 틀어막고 나가며 문을 닫는다.


## S#6-2. 선호 집 - 작업실 / (N)

작업실에 덩그러니 남은 무영.
머리가 아픈지 한 손으로 이마를 짚는데 뒤에서 선호는

이 상황을 아는지 모르는지 하의만 입은 채 화장실 문을
벌컥 열고 나온다.

**선호**   무영 씨!!

**무영**   (선호를 잠시 바라보다) 하아…. 방금 민영 PD님 왔
다 가셨어요.

**선호**   네?? 왜요??

**무영**   왜가 중요한 게 아니라….
작가님 화장실에서 소리친 거 다 들으셨다고요.

**선호**   아악!!! 죄송해요! 제가 PD님께 잘 설명드릴게
요!!

**무영(NA)**   (화가 나지만 억누르며) … 역시 작가님은 PD님과….

**선호**   무영 씨한테 피해 안 가게 잘 설명드릴게요. 죄송
해요….

**무영**   아닙니다. 저도… 가봐야 할 것 같아요. 식사는 다
음에 하시죠.

무영이 선호에게 몸을 돌려 현관으로 향한다.
문손잡이를 잡고 밖으로 나가려는 무영의 옷자락을 뒤에

서 용기 내 잡는 선호.

**선호**   무영 씨….

**무영**   … 네.

**선호**   어시 일 그만두신다고 한 거, 저 때문이죠….

**무영**   … 아닙니다. 제 문제예요.

**선호**   거짓말 안 하셔도 돼요.

**무영**   아니, 진짜 제 문제예요. 그만하고 싶어서요. 바보 같은 짓.

**선호**   … 바보 같은 짓이라면 만화 그리는 거 말씀이신 가요?

**무영**   아뇨.

**선호**   네?

**무영**   좋아하는 거요.

선호는 무영의 말에 놀란 듯 눈을 동그랗게 뜨고 무영을 바라본다.
그리고 지금까지와는 다른 남자다운 모습으로 무영을 붙

잡는다.

**선호**    방금 뭐라고… 뭘 좋아한다고요?

**무영**    못 들은 걸로 하세요.

**선호**    다시… 다시 말해봐요!

**무영**    이제 그만둔다고요. 바보 같은 짓.

**선호**    아뇨, 그거 말고!

선호는 무영의 양 뺨을 잡고 바라본다.
진중한 그의 모습에 무영은 흔들리는데,

**선호**    좋아한다는 말.

그리고 점점 무영에게 다가가는 선호.
무영을 끌어안는다.

**선호**    듣고 싶었어요, 그 말….

## S#7-1. 거리 / (N)

거리를 걸어가는 준석.
윤아와의 만남을 다시 생각하고 있다.


## S#7-2. (회상) 준석 사무실 / (N)

잔을 들고 위스키를 마시는 준석.
윤아는 그런 준석을 보며 말하고 있다.


**준석**    내가… 무영이를… 좋아한다고?

**윤아**    오빠가 좋아하는 사람 만나.

**준석**    내가 좋아하는 사람 만나라고?

**윤아**    오빠 솔직히 무영 씨 자주 만나고, 부르면 달려가고 그러잖아.

**준석**    그랬나? 기억 안 나.

**윤아**    아무튼 내 말은 진짜 오빠가 좋아하는 사람 만나라고.

**준석**    그런 거 아니라니까.

| 윤아 | 그럼 짝사랑이라도 하는 거야? |
|---|---|
| 준석 | 이게 진짜! 거기까지만 해. |
| 윤아 | 너 진짜 좋아하는구나. 내 앞에서 한 번도 그렇게 솔직한 표정 지은 적 없었는데. |
| 준석(NA) | 그냥 모자란 친구가 상처받지 않도록 챙겨주고 필요하면 옆에 있어주고, 그냥 같이 있으면 즐겁고 행복하고. |

한 번도 본 적 없는 표정으로 정색하는 준석을 보자 윤아는 괜히 심란해진다.

| 윤아 | ⋯ 진짜 좋아하는 거 맞구나.<br>나랑 있을 때는 그렇게 솔직히 표현한 적 한 번도 없었는데⋯. |
|---|---|

## S#7-3. 거리 / (N)

깊은 고민에 빠져서인지 차가 오는 것도 모르고 횡단보도를 건너다 달려오는 차에 부딪히는 준석.

**준석(NA)**    내가 좋아하는 거구나….


## S#8.    선호 집 - 작업실 / (N)

안고 있던 무영을 바라보는 선호.

**선호**    그러니까… 저만… 저만 좋아해달라고요.
그 사람이랑 헤어지면 안 돼요?

선호는 조심스레 무영을 바라보며 용기 내어 말한다.
갑작스런 선호의 애정 공세에 당황한 무영.
무영도 지금의 상황이 혼란스럽기만 하다.

**선호**    이런 말 주제넘은 거 알지만… 헤어져요.

**무영**    네?

**선호**    그러니까… 나만, 나만 좋아해달라고요!

**무영**    ….

**선호**    그 사람이랑 헤어지면 안 돼요?

선호의 말을 들은 무영은 얼굴이 붉어진다.
하지만 헛기침하며 애써 자신을 추스른다.
평정심을 유지하며 선호에게 말하는 무영.
냉정하고 침착해 보이려는 무영의 표정이 귀여워 보인다.

**무영**   (고개를 피하며) 그쪽이나 먼저 정리하시죠?

**선호**   네? 뭘요?

어리둥절한 선호.
초롱초롱한 눈으로 무영을 바라보는데, 무영은 아직도
자신을 속인다고 생각해 자신을 껴안고 있는 선호를 떼
어낸다.

**무영**   민영 PD요! 물론 작가님과 각별한 사이인 건 알
지만….

**선호**   제가요?

**무영**   (무언가 이상하다) 어… 그러니까 둘이 사귀는 거
아니에요?

**선호**   (황당하다는 듯) 아니에요! 그럴 리가요!

**무영**   그럼… 파트너?

**선호**  (펄쩍 뛰며) 무슨! 저를 어떻게 보시는 거예요!

**무영**  그렇지만 두 분이서 호텔도 가고 카페에서 손도 잡고….

**선호**  그건 자료 사진 찍으러 간 거예요!
손은 매듭 묶는 것 때문에 내민 것뿐이고요!

**무영**  … 그럼 두 분….

**선호**  당연히 아무 사이 아니죠!!!

**무영**  (안도한 듯) … 그렇군요.

**선호**  그럼! 이제 그 사람이랑 헤어지는 거죠?

**무영**  아니 그게… 사실은… 사귀는 척한 거예요. 그냥 친구예요.

**선호**  뭐라고요?! 아니!!! 제가 그것 때문에 얼마나 마음 고생했는데…! 왜 그런 거예요!!

**무영**  그야… 작가님이 민영 PD랑 사귀면서 저한테 키스한 줄 알고… 홧김에….

**선호**  너무해요!! 정말 제가 기분이 어땠는지 알아요?!

선호는 무영에게 다가가서 다시 한번 가볍게 입을 맞춘다.

무영을 바라보는 선호.

**선호**    저 지금은 엄청 기뻐요…. 좋아해요, 무영 씨.

**무영**    작가님…. 저도요….

**선호**    앗, 그런데 호텔이랑 손 잡은 거는 어떻게 아셨어
요?

**무영**    네? 아니, 그게….


## S#9.    선호 집 – 현관, 건물 복도 / (N)

당황하다가 포옹으로 입을 막는 무영.
이때, 울리는 무영의 핸드폰.
선호는 대형견처럼 또 떨어져서 기다리고 있고 무영은 전
화를 받는다.

**무영**    네.

**윤아(NA)**    고무영 씨죠?
준석 오빠가 사고가 나서 병원에 있어요.

**무영**    네?

| 윤아(NA) | 혹시 지금 와주실 수 있을까요? |
|---|---|
| 무영 | 네. |

선호를 뿌리치고 달려 나가는 무영.

| 무영 | 작가님, 저 지금 가봐야 해요. |
|---|---|
| 선호 | 어디요? |
| 무영 | 준석이가 사고가 났다고…. 여튼 나중에 다시 이야기해요. |
| 선호 | 저… 무영 씨? |
| 선호(NA) | 타이밍 정말…. |

더 말릴 새도 없이 달려 나가는 무영.
선호는 혼자 작업실에 덩그러니 남겨진다.


## S#10-1.  병원 - 복도 / (N)

병원에 도착한 무영, 주변을 두리번거리고 있다.
윤아는 그런 무영을 발견하고 다가온다.

**윤아**　고무영 씨죠?

**무영**　윤아 씨? 무슨 일이에요?

**윤아**　오빠가 집에 가는 길에 사고가 났어요.
뭐 다행히 크게 다친 건 아니고, 깁스 정도만 하고
끝났어요.
저 근데요…. 오빠 다 나을 때 까지만 무영 씨가 옆
에 계셔주시면 안 될까요?

**무영**　네?

**윤아**　우리… 헤어졌어요.

**무영**　무슨….

**윤아**　저 사실 두 사람 관계 알아요.

**무영**　뭔가 오해하고 계신….

**윤아**　무영 씨는 가벼운 마음인지 모르겠지만… 오빠 아
니에요.
진짜 진심으로 좋아하는 거예요.


무영은 윤아의 말에 혼란스럽다.
그저 자신의 친구라고 생각했던, 자신을 잘 챙겨주는 친
구라고 생각했던 준석이 자신을 좋아한다는 사실.


　오! 나의 어시님

윤아는 일어나서 무영을 향해 고개 숙여 인사한다.

**윤아**  부탁… 드립니다.

말을 남긴 뒤 자리를 뜨는 윤아.


## S#11.  병원 - 병실 / (M)

다음 날 아침 병실에서 밤을 샌 무영.
준석은 아침이 되어서야 겨우 눈을 뜬다.
그런 준석을 보고 잠이 확 달아난 무영은 준석의 상태를
체크한다.

**무영**  괜찮아?

무영이 준석에게 다가가는데, 준석이 그런 무영을 물끄러
미 바라보다 씩 웃는다.

**준석**  다 나으면… 어리석고 한심한 연애나 하고 살까
봐.

**무영**  ….

| 준석 | 안 궁금해? |
|------|-----------|
| 무영 | 응? |
| 준석 | 누구랑 하고 싶은지 안 궁금하냐고.<br>그 한심한 연애. |

심란해 보이는 무영과는 달리, 알 수 없는 표정을 짓고 있는 준석의 얼굴.

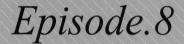

*Episode.8*

# 연애 세포를 살리는
# 오! 나의 어시님

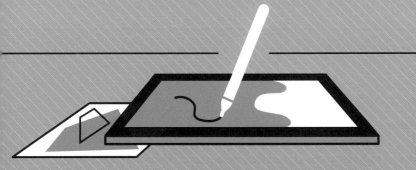

## S#1.    병원 – 병실 / (M)

병실에 찾아온 무영은 걱정스럽게 준석을 바라보고 있다.

**무영**    … 윤아 씨랑은 어떻게 된 거야?

**준석**    후우…. 뭐 하나 마음대로 할 수 없는 기분 알아?
어릴 때부터 어느 학교를 가야 하고 어느 직업을
가져야 하고 누구랑 결혼해야 한다는 것까지.

준석은 잠시 회상에 잠긴 듯하다.

## S#2-1.    (회상) 미술 학원 / (D)

무영이 자신의 자리로 돌아간다.
그런 무영을 바라보는 준석.
하지만 준석은 이내 무영에게서 시선을 돌려 갈 길을 간다.

오! 나의 어시님

**준석(NA)**    처음부터 무영이에게 관심이 있었던 건 아니었다.


## S#2-2. (회상) 미술 학원 – 학원 앞 골목 / (D)

**준석**    야, 그만해라.

흥미롭다는 표정으로 무영을 바라보는 준석.

**준석(NA)**    신선했다.
암묵적으로 사회에서 금기시되는 것을 속 시원히
말할 수 있다는 것.
자신의 마음을 정확하게 표현할 수 있다는 것.
그냥 남들이 하는 대로 사는 게 맞다고만 생각했
던 나에겐 기분 좋은 충격이었다.


## S#2-3. (회상) 미술 학원 / (D)

미술 학원, 그림을 그리고 있는 한 남학생을 바라보고 있
는 무영.
학원 안에는 선호가 그림을 완성하고 있다.

선호를 바라보는 무영의 얼굴이 사랑에 빠진 소년의 모
습이다.
선호가 뒤를 돌아보자, 무영은 재빨리 뒤돌아 나가고 준
석은 그런 무영을 바라보고 있다.


준석(NA)    그러던 어느 날, 무영이는 한 아이를 좋아하게 되
           었고, 숨기려 했지만 나는 알 수 있었다.
           무영이가 좋아하고 있다는 걸.
           그리고….



## S#3.    병원 – 산책로 / (D)

준석과 산책을 나온 무영.
목발을 짚으면서 서툴게 걷는 준석이 무영을 물끄러미 바
라본다.


준석(NA)    이제야 알게 된 것이 하나 있다.
           나도 무영이를 좋아하고 있다는 걸.


자신을 빠히 바라보는 준석을 본 무영, 살짝 당황하지만
곧 냉정함을 찾는다.

**무영**　　뭐? 왜?

**준석**　　풉… 아냐. 그냥.

**무영**　　… 이제 좀 살 만한가 봐?

**준석**　　야, 고무영. 내가 전에 바보 같이 연애나 하고 살
　　　　　거라고 했던 거 기억나?

**무영**　　… 어.

**준석**　　내가 다치기 전에 윤아랑 헤어진 건 알지?
　　　　　죽을지도 모른다고 생각하니까 마음에 솔직해져
　　　　　야겠다는 생각이 들더라.

**무영**　　죽긴 니가 왜 죽냐.

**준석**　　윤아한테는 미안하긴 한데 내가 전부터 좋아하는
　　　　　사람은 따로 있었던 것 같아.
　　　　　그래서 그 사람한테 고백하려고 하는데 지금 몸이
　　　　　불편하니까 나중에 고백하려고.
　　　　　치료가 다 끝나면 고백할까 봐.
　　　　　넌 누군지도 안 궁금하냐?

**무영**　　나중에… 나중에 얘기해줘. 다 나으면.

**준석**　　무영아.

**준석**   나 깁스 풀 때까지는 니가 내 옆에 있어줘. 그렇게 해줘.

**무영**   준석아.

**준석**   그렇게 해줘. 나도 너 힘들 때마다 옆에 있었잖아.

서로 바라보고 있는 무영과 준석.
아무 말 못 하는 무영, 곤란하다는 표정을 짓는다.


## S#4-1.   술집 / (N)

선호, 혼자서 술을 마시고 있다.
선호는 계속해서 무영과 준석의 일이 신경 쓰인다.

**선호(NA)**   나는 무영 씨에게 있어 두 번째인가?


## S#4-2.   (회상) 카페 / (D)

무영과 선호가 데이트를 하는데, 무영에게 전화가 온다.
전화를 건 사람은 준석.

| 무영 | 죄송해요. |

한창 둘이 상의를 하며 작업 중인 선호와 무영.

| 선호 | 도시 배경 그림이 좀 잘 어울릴 것 같거든요. |
| 무영 | 건물들 좀 그리고. |
| 선호 | 네. |
| 무영 | 잠시만요. |

전화를 받으며 자리를 뜨는 무영.
선호는 또 혼자 남았다.


## S#4-3. (회상) 선호 집 - 작업실 / (D)

선호가 그림을 그리고 있을 때 무영이 핸드폰을 보더니
벌떡 일어나 선호에게 고개 숙여 인사를 한다.

| 무영 | 작가님…. 저 병원 가봐야 할 것 같아요. 죄송합니다. |

문을 닫고 나가는 무영.

오! 나의 어시님

## S#4-4. 술집 / (N)

술집에 앉아 술잔을 계속 들이켜는 선호.

**선호(NA)**  그 둘이 서로 알고 지낸 시간에 비하면, 나와의 추억은 보잘것없는 걸까.


## S#4-5. (회상) JJ 바 / (N)

준석과 무영이 키스를 하는 순간.
그리고 자신을 바라보던 준석의 모습과 그의 희미한 미소.

**선호(NA)**  재력, 외모, 학벌. 나보다 더 잘 어울리는 사람….


## S#4-6. 거리 - 술집 앞 / (N)

지친 몸을 이끌고 집으로 걸어가는 선호의 뒷모습.
걸어가던 선호는 화가 나는지 멈춰 서서 말한다.

**선호**  칫, 무영 씨도 문제야!

그 인간이 부른다고 그냥 쪼르르 달려가기나 하고
말야…. 진짜 나빴어. 보고 싶다.


## S#5-1. 선호 집 – 침대, 부엌 / (M)

잠에서 깬 선호, 어디선가 맛있는 냄새가 난다.
부엌을 보니 무영이 미역국을 끓이고 있다.
자신의 생일을 기억해준 무영이 고마운 선호, 감격하여
무영을 향해 다가간다.

**선호**   무영 씨!

**무영**   좀 더 자요. 오늘 생일인데 미역국이라도 끓일까
하고요.

다가가서 무영에게 백허그를 하는 선호.

**선호**   고마워요.

무영은 그런 선호를 보고 씩 웃으며 선호를 쓰다듬으려
하는데, 핸드폰이 울린다.
휴대폰 화면에 뜨는 이름, '준석이 간병인'.

망설이다 선호를 살짝 밀어내고 전화를 받는 무영.

**무영**　　　여보세요?

**간병인(E)**　고무영 씨죠?

**무영**　　　네. 무슨 일 있나요?

**간병인(E)**　한준석 씨가 사라졌어요.

**무영**　　　네?

**간병인(E)**　지금 와주셔야 할 것 같은데.

**무영**　　　… 일단 알겠습니다.


## S#5-2.　선호 집 - 부엌, 현관 / (M)

전화를 끊는 무영, 선호를 빤히 바라본다.

**무영**　　　작가님…. 저 지금 가봐야 할 것 같아요.

**선호**　　　네?

**무영**　　　준석이가 사라졌대요.

245

| 선호 | 지금 무영 씨가 가봤자 할 수 있는 건 없잖아요. |
|---|---|
| 무영 | 그건 그렇지만…. 전에 말씀드렸듯이 애가 우울증이 있다고…. |
| 선호 | 무영 씨가 왜 그렇게까지 해야 돼요?<br>가족도 있고, 간병인도 있는데…. |
| 무영 | 친구라고는 저뿐이거든요…. |
| 선호 | 오늘은 안 돼요. 못 가요! 제 생일이잖아요! |
| 무영 | 이해해주세요. |
| 선호 | 지금 그 사람한테 가시면 저 무영 씨 안 볼 겁니다.<br>말했어요. 지금 가시면… 끝이에요. |
| 무영 | 보내주세요. |

무영이 선호를 한 번 꼬옥 안아주고 편지를 쥐여 준다.
몸을 돌려 나간 무영.


## S#5-3. 선호 집 - 현관, 침대 / (M)

무영이 나간 현관문을 한참 바라보던 선호.


오! 나의 어시님

선호(NA)    무영 씨…. 내가 물러나야 하는 거예요?
애인은 난데…. 둘 사이의 훼방꾼이 된 기분이잖
아요….


## S#6.    병원 – 병실 / (D)

무영이 헐떡거리며 병실 문을 벌컥 여는데, 무영을 보면서
실실 웃고 있는 준석의 얼굴이 보인다.


무영    너…!

준석    왔어?

무영    사라졌다고 해서 뛰어왔더니…! 거짓말한 거야?

준석    안 그랬으면 이렇게 빨리 왔겠냐. 작가 놈이랑 있
었으면 더 늦었겠지.

무영    하아…. 너 정말 한두 번도 아니고 왜 이래!

준석    보여줄 게 있어서 불렀어.

깁스를 풀어 깨끗한 준석의 다리.

| | |
|---|---|
| **무영** | 너… 다 나은 거야? |
| **준석** | 내가 전에 고백할 사람 있다고 한 거 기억나? |
| **무영** | … 기억하지. |
| **준석** | 그래서 고백하려고. 누군지 안 궁금해? |
| **무영** | … 누군데? |
| **준석** | 하아…. 아무리 생각해도 이건 불합리하고, 비이성적이고, 비논리적인 일이라서 나조차도 믿기지가 않지만. |
| **무영** | …. |
| **준석** | 사랑한다, 고무영.<br>안 놀라네? |
| **무영** | 미안. |
| **준석** | 알고 있었어? |
| **무영** | 미안해. |
| **준석** | 그게 니 대답이야? |
| **무영** | 너는 정말 좋은 친구야. |

오! 나의 어시님

**준석**   뭐, 예상했던 반응이야. 고무영답네.

근데, 나 포기 안 한다.

작가랑 헤어지면 나한테 와.

내가 최선을 다해서 잘 해줄게.

준석의 고백에 이미 어느 정도는 알고 있다는 듯, 무영은
물끄러미 준석을 바라만 본다.

## S#7.   선호 집 - 작업실 / (D)

누워서 핸드폰을 보는 선호.

핸드폰을 보는데 부재중 전화가 없다.

**선호**   연락도 없다 이거지…!

됐어, 나도 관심 없다 이거야! 딴 놈한테 가버리고.

벌떡 일어나 컴퓨터 앞에 앉은 선호.

고민하다 편지 쪽을 물끄러미 바라본다.

**선호**   뭐, 뭐 이런 거 남겨두면 내가 혜~~ 하면서 기다
릴 줄 알지?

안 볼 거야···. 안 본다 했어.

무영이 남기고 간 편지를 물끄러미 바라본다.

**선호**    안 봐, 진짜 일이나 하자. 자존심이 있지.

선호는 편지에서 시선을 거두고 다시 컴퓨터를 보는데,
이내 컴퓨터 뒤에서 빼꼼 얼굴을 내민다.

**선호**    조금만··· 볼까?

선호는 책상 앞으로 가서 편지를 들여다본다.
그리고 편지를 들어 올려 읽기 시작한다.

**무영(V.O)**    작가님. 작가님은 모르시겠지만, 사실 이 편지는
오래전의 제가 작가님에게 쓴 편지예요.

## S#8-1.  (과거) 미술 학원 / (D)

**무영(V.O)**    처음에는 너의 그림에 빠져들었던 내가,
이제는 너에게 반한 것 같아.

무영, 홀린 듯 벽에 걸린 선호의 그림을 바라본다.

그림에 빠져든 눈빛이다.

그림 아래로 '1등 : 신선호'가 적혀 있다.


**준석**     이 사람이구나.

**무영**     뭐?

**준석**     니가 좋아하는 사람.


그때, 복도에서 교복 차림의 선호가 친구들과 학원 강의
실 안으로 들어온다.

선호에게로 흘끗 시선이 향하는 무영.

선호가 무영을 바라보자, 무영이 확 고개를 돌려 모른 척
한다.


**무영(NA)**     고백⋯ 안 하려고 했어.



## S#8-2. (과거) 미술 학원 / (D)

**무영(V.O)**     이 편지를 전할 수 있을지 모르겠지만⋯.

　　　　　　너를 향한 마음이 계속된다면 언젠가는 전할 날이

오지 않을까?

그땐 너도 날 좋아하고 있었으면 좋겠다.


## S#9-1.    선호 집 - 작업실 / (D)

무영의 편지를 읽고 있는 선호, 무언가 충격받은 듯하다.

선호는 그 아래 새로 적힌 편지 내용을 계속해서 읽어나
간다.

**무영**(V.O)    작가님…. 이 편지는 묻어두려 했었어요.


## S#9-2.   (과거) 무영 집 - 무영 방 / (D)

컴퓨터 앞에 앉아 있는 어른 무영.

웹툰을 살펴보는데, 'New' 부분에 만화 하나가 올라와
있다.

'글·그림 신선호'라는 글자를 발견하고 놀라는 무영.

바로 웹툰을 클릭한다.

**무영**(V.O)    그런데 시간이 흐른 어느 날….

## S#9-3. (회상) 선호 집 - 작업실 / (D)

어른 선호와 어른 무영이 처음 면접에서 만나는 모습.

**무영**(V.O)  작가님을 다시 만나게 됐고, 억눌렀던 내 마음이
다시 터져 나오기 시작했어요.

## S#9-4. (회상) 선호 집 - 침대 / (D)

그림을 그리다 잠든 선호의 머리칼을 쓰다듬는 무영의
모습.

## #9-5. (회상) 선호 집 - 작업실 / (N, 새벽)

선호가 술에 취해 무영에게 키스를 하는 모습.

**무영**(V.O)  더 이상 참을 수 없었어요.
지금은… 이기적이고 싶어요.
작가님이 너무 좋아서.

오! 나의 어시님

## S#10-1. 거리 / (D)

방에서 뛰쳐나와 달려가는 선호.
선호는 눈물을 머금고 꽃이 활짝 핀 거리를 달려가고 있다.
무영과 함께 걸었던 그 길, 둘이서 데이트를 했던 그 길이다.
그리고 그 길 끝에 멈춰 선 선호.
숨을 몰아쉬며 말한다.

**선호**    바보같이… 숨기고만 있으면 누가 알아요!


## S#10-2. 거리 / (D)

숨을 몰아쉬는 선호의 앞에 서 있는 무영.
무영도 뛰어왔는지 숨을 몰아쉬고 있다.

**무영**    (놀란) 작가님…. 화나신 줄 알았는데….

**선호**    화났어요! 진짜 무영 씨 안 보려고 했다고요!
(손에 쥔 편지 보여주며) 이 편지 아니었으면… 진짜
안 보려고 했는데….

울컥하는 선호.

**무영**     드디어 전했네요, 제 마음을.

와락 무영을 껴안는 선호.

**선호**     그동안 왜 말 안 했어요!
            아니, 그냥 그때 고백하지! 왜 가만히 있었어요!

**무영**     (옅게 웃으며) 그땐… 용기가 없었어요. 제가 너무
            늦었죠?

**선호**     (눈물 차오르는) 안 늦었어요. 고마워요, 용기 내줘서.

서로 바라보던 선호와 무영.
이번에는 무영이 먼저 다가가서 가볍게 키스를 한다.
그리고 서로를 바라보는 둘.


## S#10-3. 거리 / (D)

갑자기 선호는 정신이 드는 듯 아련함에서 빠져나와 삐
죽거리며 무영에게 묻는다.

**선호**     흠…. 근데… 그분!

**무영**    네? 누구요?

**선호**    그… 있잖아요, 그분!

**무영**    준석이요?

**선호**    … 다정하게 부르지 마요. 그분! 그~~분!

**무영**    (살짝 웃으며) 네, 그분. 그분이 왜요?

**선호**    아니 무영 씨가 우리 사귀는 거 말했다고 한 시점
           부터 유독 저랑 있을 때마다 불러대잖아요! 그냥
           친구인 거 맞아요?

**무영**    … 친구예요.

**선호**    그건 무영 씨 생각이고! 그쪽은 친구 이상인 거
           아니에요?

           뜨끔한 무영, 옆으로 몸을 돌려 걸어간다.
           선호는 그런 무영을 쫓아가는데,

**무영**    (머뭇대며) 아….

**선호**    뭐예요? 뭔가 있죠? 솔직히 말해봐요!

**무영**    그게… 그러니까….

(결심한 듯) 실은, 고백… 받았어요. 거절했고요.

**선호**  (충격) 거봐! 내가 그럴 줄 알았어! 두고 보자 한준석! 아니 그분!

**무영**  근데 작가님이 화내시니까 기분은 좋네요.

**선호**  무영 씨는 지금 사건의 심각성을 모른다고요!

**무영**  거절했다니까요. 저 못 믿으세요?

**선호**  아뇨! 믿어요! 믿는다고요!! 근데 그분을 어떻게 믿어요, 제가!!

**무영**  뭐가 걱정이에요. 나는 작가님밖에 없는데.

**선호**  진짜죠! 진짜로! 예스!

**무영**  (피식 웃으며) 그렇게 좋아요?

**선호**  당연히 좋죠! 무영 씨, 우리 같이 살래요?

**무영**  (무심코) 네. (그러다 화들짝 놀라며) 네??

**선호**  대답하신 거예요! 같이 살기로!

**무영**  … 제 조건에 맞는다면, 생각해볼게요.

**선호**  한번 말씀해보세요! 다 맞춰드릴 테니까!

오! 나의 어시님

벚꽃이 핀 거리를 걸어가는 둘.

선호는 뭐가 신나는지 달려가며 점프하고 카메라가 하늘
로 떠오른다.

## 선호(송승현)

안녕하세요! 극 중 성인 웹툰 작가 선호 역을 맡은 배우 송승현입니다. 〈오! 나의 어시님〉은 제 배우 역사상 새로운 장르에 처음 도전하는 것이었습니다. 그랬기에 촬영에 임하며 그만큼 더 고민했고, 노력했습니다. 이번 드라마를 통해 정말 새롭고 다양한 감정을 느꼈고, 이해와 존중에 대한 마음의 폭이 매우 커졌습니다. 그랬기에 연기를 진행하며 '만약 이 상황에서 나라면 어떨까?' 하는 생각을 품고 진심으로 선호 역을 소화할 수 있었습니다.

〈오! 나의 어시님〉은 선호와 무영이 조금씩 서로의 감정을 인정하고 관계가 명확해지며 결과가 긍정적으로 향하는 과정을 그리고 있습니다. 이 둘의 더해지는 감정을 느끼며 원작 웹툰은 물론 드라마와 대본집 모두 재밌게 보셨나요? 저에게 〈오! 나의 어시님〉은 새로운 감정을 표현할 수 있는 대사와 리액션으로 가득 찬 작품이었습니다. 독자분들께서도 선호와 무영의 대사를 곱씹으며 새로운 즐거움을 느끼셨기를 바랍니다.

## 무영(고찬빈)

안녕하세요, 고찬빈입니다. 이 대본집을 읽는 모든 분이 내면에 가진 꿈들을 마음껏 펼칠 수 있게 되면 좋겠습니다. 누군가에게 애쓰는 모습을 군이 보여주지 않아도 행복할 수 있는 그런 삶을 사셨으면 좋겠습니다. 대본 속 이 글자들을 연구하고 표현하면서 많이 느꼈습니다. 이는 결코 저 혼자 느낄 수 없었던 것으로, 주변의 수많은 분이 도와주셨기 때문에 저의 캐릭터, 무영이가 탄생할 수 있었던 것 같습니다.

끝으로 돌발 상황으로 갑자기 변경된 대사와 디렉션들에도 늘 최선을 다해 훌륭하게 소화해준 출연진들과, 카메라 뒤에서 묵묵하게 모든 과정을 함께 이끌고 지탱해준 제작진분들께 이 페이지를 빌려 진심으로 고마움을 전합니다.


## 준석(이도하)

안녕하세요, 배우 이도하입니다. 드라마 〈오! 나의 어시님〉을 통해 '준석'이라는 인물을 만나고 '그 깊은 마음을 내가 헤아리고 이해하며 온전히 그를 연기할 수 있을까? 나의 연기가 괜히 작품에 피해가 되지는 않을까?' 하는 생각을 하며 힘들어했습니다. 그때, 제가 은인처럼 생각하는 두 분께서 각기 저에게 이런 말씀을 해주셨습니다.

"너는 지금 그 무엇도 아니기에, 무엇이든 될 수 있어." "하고 싶은 걸 하기 위해선 우선 할 수 있는 것부터 해봐." 이 두 분의 말씀은 단순히 연기뿐 아니라 앞으로 제가 삶을 살아가는 데에도 큰 도움이 될 것 같습니다. 독자분들도 항상 당당하고 행복한 삶을 살아가셨으면 좋겠습니다.


### 민영(서효명)

안녕하세요! 〈오! 나의 어시님〉에서 웹툰 PD 역할을 맡은 배우 서효명입니다. 대본을 처음 보았던 날이 떠오르네요. 처음 접해본 BL이라는 장르에 놀라웠지만, 금세 빠져들어 재미있게 읽었습니다. 대본을 읽으면 읽을수록 너무나 매력적이고 톡톡 튀는 역할을 맡게 된 것 같아 정말 기뻤습니다.

웹드라마도, BL이라는 장르도 처음이었기에 낯설었지만, 함께하는 배우들과 서로가 맡게 될 연기에 대해 의논하고, 장면 하나하나를 전부 서로가 체크해주며 최선을 다해 촬영에 임했습니다. 촬영 내내 팀 분위기는 너무 좋았고 감독님부터 배우들, 스탭들의 단합도 훌륭했다고 기억합니다. 원작이 워낙 유명했기에 사실 부담도 되었지만, "2D보다 더 재미있는 3D를 한번 만들어보자!" 하며 촬영을 잘 마쳤던 좋은 기억으로 남아 있습니다. 여러분의 많은 사랑으로 〈오! 나의 어시님 2〉도 제작되길 바랍니다!

오! 나의 어시님